Einsamkeit überwinden

Doris Wolf

Einsamkeit überwinden

Von innerer Leere zu sich und anderen finden

Die Deutsche Bibliothek – CIP-Einheitsaufnahme

Wolf, Doris:
Einsamkeit überwinden : von innerer Leere zu sich und anderen
finden / Doris Wolf. - 7. Aufl. – Mannheim : PAL, 1997
  ISBN 3-923614-14-4

© Copyright PAL Verlags GmbH, Mannheim 1986
Alle Rechte vorbehalten
Herstellung: C. Bockfeld, Neustadt
ISBN 3-923614-14-4

Inhalt

Einleitung

Teil I:
Ursachen der Einsamkeit

Kapitel 1

Fühlen Sie sich einsam?
13

Kapitel 2

Was ist Einsamkeit?
16

Kapitel 3

Wie entstehen Gefühle?
27

Teil II:
Beziehung zu sich selbst knüpfen

Kapitel 4

Die Liebe zu sich selbst
37

Kapitel 5

Widerstände in Ihrem Kopf
45

Kapitel 6

Wie gewinne ich mehr Selbstachtung?
53

Teil III:
Beziehung zu anderen knüpfen

Kapitel 7

Wie mache ich mich attraktiv?
79

Kapitel 8

Wie nehme ich Kontakt zu anderen Menschen auf?
91

Kapitel 9

Wie kann ich Menschen treffen?
108

Kapitel 10

Wie gehe ich mit den ersten Kontakten um?
116

Teil IV:
Beziehung zu anderen vertiefen: andere lieben

Kapitel 11

Die Angst vor Nähe und vor dem Verlust
121

Kapitel 12

Wenn der Partner nicht mehr will
132

Teil V:
Leben als Single

Kapitel 13

Bewußte Entscheidung zum Alleinsein
136

Kapitel 14

Zusammenfassung der wichtigsten Schritte zur Überwindung der Einsamkeit
140

Schlußwort

Einleitung

Liebe Leserin, lieber Leser,

lange Zeit habe ich mir überlegt, wie ich am besten mit diesem Buch beginnen könnte. Um das Gefühl der Einsamkeit richtig zu verdeutlichen, müßte ich wohl 100 leere Seiten aneinanderheften und auf der letzten Seite das kleine Wörtchen ‚ich' notieren. Einsamkeit läßt sich wahrscheinlich besser mit Bildern darstellen als mit Worten. Einsamkeit ist ein stummes Leiden. Deshalb wird in unserer Gesellschaft auch die Zahl der Menschen, die unter Einsamkeit leiden, unterschätzt. Der Einzelne sieht es als eine Art Versagen an, einsam zu sein, und zieht sich immer mehr zurück.

Einsamkeit ist immer verbunden mit Gefühlen von Isoliertsein, Nichtgeborgensein, Ausgeschlossensein, Hilflosigkeit, dem Eindruck des endlosen Fallens in ein tiefes schwarzes Loch.
Aus Untersuchungen wissen wir, daß sich jetzt im Augenblick die Hälfte aller erwachsenen alleinlebenden Menschen und mehr als ein Viertel aller Verheirateten einsam fühlen. Einige fühlen sich schon so lange sie sich erinnern können einsam und erwarten auch, ihr restliches Leben einsam zu sein. Andere leiden unter momentaner Einsamkeit, die sie in einigen Wochen oder Monaten überwunden haben werden. Einsamkeit zieht sich durch alle Altersgruppen – Kinder, Jugendliche, junge Erwachsene, das Mittelalter und alte Menschen. Die einsamsten Menschen sind diejenigen zwischen 30 und 40 Jahren, ganz entgegen der Volksmeinung also nicht die alten Menschen.

Einsam sein, bedeutet zu einem wesentlichen Teil das Gefühl zu haben, von einem ganz bestimmten Menschen oder auch von den Mitmenschen überhaupt nicht mehr akzeptiert, anerkannt und gebraucht zu werden.

Es gibt zahlreiche Statistiken, die verdeutlichen, daß einsame Menschen eine geringere Lebenserwartung haben und sich häufiger in therapeutischer Behandlung befinden als andere Menschen. Alleinsein, den Kontakt mit anderen wünschen, aber die Wege dazu nicht finden können, das ist der schmerzhafte Widerspruch, unter dem der Einsame leidet. Die Angst vor Enttäuschung durch andere und die Angst, andere zu enttäuschen, lähmt den Einsamen.

Damit Sie in Zeiten des Alleinseins nicht in Trostlosigkeit und Verzweiflung verfallen, müssen Sie zweierlei leisten:

Sie müssen auf den anderen zugehen, Kontakte aufnehmen können und Sie müssen sich selbst ein Stück weit in sich selbst ruhend, auf sich selbst vertrauend erleben können.

Mit diesem Buch möchte ich in Kontakt mit Ihnen treten. Ich möchte Ihnen die Hand reichen und Sie aus Ihrem schwarzen Loch befreien. Auch für Sie gibt es Sonne, Wärme, Liebe und die Nähe anderer Menschen.

Wie gehen Sie am besten vor, um sich aus der Einsamkeit zu befreien?

Lesen Sie dieses Buch zunächst einmal Kapitel für Kapitel im Schnelldurchlauf durch, um Ihre Neugierde zu stillen. Dann beginnen Sie, sich nacheinander intensiv mit den einzelnen Kapiteln auseinanderzusetzen und die einzelnen Übungen in Ihren Alltag zu integrieren. Fahren Sie erst mit der Bearbeitung der weiteren Kapitel fort, wenn Sie bei sich eine gefühlsmäßige Veränderung verspüren. Ich habe das Buch so aufgebaut, daß Sie lernen, zunächst eine positive Beziehung zu sich selbst zu knüpfen und dann die Beziehung zu anderen aufzunehmen.

Da Einsamkeit bei so vielen unterschiedlichen Menschen, die sich in unterschiedlichen Lebenslagen befinden, auftritt, kann es sein, daß das eine oder andere Kapitel nicht ganz so wichtig für Sie ist. So könnte es sein, daß Sie verheiratet sind und sich dennoch einsam fühlen. Dann empfinden Sie es vielleicht als nicht wichtig für sich, einen neuen Partner finden zu können. Vielleicht ist es für Sie aber wichtig, neue Freunde zu finden.

Sie sollten auch überlegen, ob Sie nur Teile des Kapitels, z. B. «Wie mache ich mich attraktiv?» auf sich anwenden möchten. Lesen Sie zunächst alle Kapitel durch und freuen Sie sich darüber, daß Sie die eine oder andere Hürde schon genommen haben. Nehmen Sie es als Bestätigung für die Richtigkeit Ihres Weges, auf dem Sie sich befinden.

Ich wünsche Ihnen die Bereitschaft, sich selbst eine Chance zu geben, und die Energie, am Ball zu bleiben.

Ihre Doris Wolf

---

* Ich werde in diesem Buch der Einfachheit halber von „den anderen kennenlernen'' sprechen und meine damit selbstverständlich Männer und Frauen.

Teil I

Ursachen
der
Einsamkeit

Wenn man Menschen danach fragt, was sie unter Einsamkeit verstehen und woher sie kommt, antworten diese meist, daß Einsamkeit dann auftritt, wenn man allein ist. Sie glauben, daß man sich in bestimmten Situationen einfach einsam fühlen muß und fühlen sich der Einsamkeit ausgeliefert. Sie haben als Folge davon Angst vor der Einsamkeit im Alter, im Urlaub, am Wochenende, nach der Trennung und in vielen anderen Situationen.

Mit dieser Auffassung über Einsamkeit gibt es keine Möglichkeit, die Einsamkeit jemals selbst aktiv zu überwinden.

Bevor wir daran gehen können, an der Überwindung der Einsamkeit zu arbeiten, müssen wir deshalb zunächst genau überprüfen, was es mit der Einsamkeit auf sich hat.

In Teil I werden Sie erfahren, wie stark Ihre Einsamkeitsgefühle ausgeprägt sind und wie Einsamkeit und alle anderen negativen und positiven Gefühle entstehen.

Kapitel 1

Fühlen Sie sich einsam?

Der folgende Fragebogen hilft Ihnen, den Grad Ihrer Einsamkeit einzuschätzen.

Lesen Sie sich jede einzelne Frage sorgfältig durch und kreuzen Sie an, wie häufig Sie so fühlen, denken oder handeln. Es gibt keine richtigen und falschen Antworten. Es geht darum, für sich selbst herauszufinden, wie stark Sie in Ihrer Einsamkeit gefangen sind.

Fragebogen zur Einsamkeit

1. Fühlen Sie sich einsam?

0	1	2	3	4
überhaupt nicht	selten	manchmal	häufig	nahezu immer

2. Haben Sie einen oder mehrer Freunde, die sich um Sie bemühen?

4	3	2	1	0
überhaupt nicht	selten	manchmal	häufig	nahezu immer

3. *Haben Sie Schwierigkeiten, Kontakte zu knüpfen?*

0	1	2	3	4
überhaupt nicht	selten	manchmal	häufig	nahezu immer

4. *Fühlen Sie sich abgelehnt und ungeliebt?*

0	1	2	3	4
überhaupt nicht	selten	manchmal	häufig	nahezu immer

5. *Können Sie es alleine mit sich aushalten und sich beschäftigen?*

4	3	2	1	0
überhaupt nicht	selten	manchmal	häufig	nahezu immer

6. *Haben Sie einen oder mehrere Freunde, bei denen Sie sich geborgen fühlen?*

4	3	2	1	0
überhaupt nicht	selten	manchmal	häufig	nahezu immer

7. *Denken Sie, daß Sie liebenswert sind?*

4	3	2	1	0
überhaupt nicht	selten	manchmal	häufig	nahezu immer

8. *Denken Sie, daß alle anderen besser, intelligenter, attraktiver sind als Sie?*

0	1	2	3	4
überhaupt nicht	selten	manchmal	häufig	nahezu immer

9. *Denken Sie, daß Sie es nicht anders verdient haben, als einsam zu sein?*

0	1	2	3	4
überhaupt nicht	selten	manchmal	häufig	nahezu immer

10. *Sind Sie unglücklich darüber, so viele Dinge alleine tun zu müssen?*

0	1	2	3	4
überhaupt nicht	selten	manchmal	häufig	nahezu immer

14

Wenn Sie die einzelnen Fragen beantwortet haben, können Sie die Zahlen, die über Ihren Kreuzchen stehen, zusammenzählen. Das Ergebnis beträgt im Höchstfall 40, d. h. Sie sind sehr einsam, und im besten Fall 0, d. h. Sie fühlen sich nicht oder nur ganz selten einsam. Je höher die Zahl ist, desto einsamer fühlen Sie sich.

Der erste Schritt, aus der Einsamkeit herauszufinden,
ist zunächst zuzugeben, daß Sie einsam sind.

Gleichgültig was Sie gewählt haben, um Ihre Einsamkeit nicht so zu spüren – Flucht in Alkohol, Medikamente, Arbeit, Schlaf, Langeweile, Grübelei – sie ist da und Sie können sie überwinden. Wagen Sie es, zu Ihrer Einsamkeit zu stehen und die Augen nicht vor ihr zu verschließen. Erst die genaue Diagnose ermöglicht es Ihnen, etwas dagegen zu unternehmen.

Sie sind nicht der einzigste Mensch auf der Welt, der sich einsam fühlt. Einsamkeit ist ein Gefühl, das jedem Menschen vertraut ist. Aber auch jeder Mensch besitzt die Fähigkeit, seine Einsamkeit hinter sich zurückzulassen. Sie haben die Fähigkeit, sich aus Ihrem Käfig zu befreien, in den Sie sich eingesperrt haben!

Kapitel 2

_____

Was ist Einsamkeit?
Der Versuch einer Beschreibung

Tagtäglich erlebe ich Menschen in meiner psychothera-
peutischen Praxis, die unter Einsamkeit leiden. Einige waren
bereit, sich zu öffnen und Ihnen ihre Gefühle mitzuteilen. Sie
haben dabei die Form und Sprache gewählt, die ihre Einsamkeitsgefühle am besten widerspiegeln können.

Herr G., 35 Jahre alt, fühlte sich einsam, nachdem seine
Frau sich von ihm getrennt hatte:

„einsam fühle ich mich dann
wenn ich eine hand suche
und nur worte finde"

Herr D., 27 Jahre alt, allein lebend:
„Vor allem im Alter von 17 bis ca. 21 Jahren hatte ich
starke Einsamkeitsgefühle. Hauptsächlich abends oder wenn
ich zu Bett ging. Ich war alleine im Bett und ich hatte eine so
starke Sehnsucht nach einer Frau oder nach der Frau, welche
ich gerade liebte. Ich mußte fast jeden Abend stark weinen,
aber ich tat es leise, damit es niemand von den Familienange-

16

hörigen bemerkte. Es war mir peinlich und es wurde auch nie in unserer Familie und in meinem Bekanntenkreis über Liebe, Sexualität und Partnerschaft gesprochen. Ich behielt alles für mich. Sogar die Frauen, welche ich so stark liebte, wußten kaum von meinen Gefühlen und um meinen Schmerz. Wenn ich so stark verzweifelt war, nahm ich oft mein Kopfkissen und drückte es fest an mich und küßte es. Oft lag ich die halbe Nacht wach im Bett und machte mir Gedanken, stellte mir vor, wie schön es sein könnte, wenn ... und war am träumen''.

Frau L., 40 Jahre alt, fühlte sich einsam, nachdem sie sich entschieden hatte, sich von ihrem Partner, der mit einer anderen Frau verheiratet ist, zu trennen:

,,Ich habe Sehnsucht nach ihm, warte auf ein Zeichen, das nie kommen wird. Ich warte, wie immer, auf ein Wunder, das plötzlich alle meine Probleme löst. Ich rauche wie ein Schlot. Der Tag heute ist schlimm. Ich fühle mich alt, häßlich und krank. Ich habe Sehnsucht nach ihm. Alles, was ich sehe, erinnert mich an ihn. Ich bin nicht fähig, klar zu denken und zu handeln. Alles, was ich tue, möchte ich ihm mitteilen, und dann meine ich, hat das Erlebte einen Inhalt für mich. Ohne ihn fühle ich mich leer und ausgepumpt. Er verkörpert im Augenblick alles, was ich für mich selbst gerne hätte. Ich hätte ihn gerne als Vehikel, mit dem ich meine eigene Unzulänglichkeit überwinden könnte''.

Frau K., 56 Jahre alt, verheiratet:
,,Es kommt ganz plötzlich dieses Gefühl der Einsamkeit. Man fühlt sich unverstanden, ausgeschlossen, auch inmitten von Gesellschaft. Man ist Gefangener seiner eigenen Gedanken. Es ist wie ein Weg durch die Wüste. – Keine Oase. – Die Angst weicht nicht, auch Unsicherheit, Zweifel, ja sogar Verzweiflung. Man hat nur einen Wunsch, schlafen, schlafen und am besten nicht mehr aufwachen''.

Frau B., 34 Jahre alt, allein lebend:
,,Manchmal, wenn ich zum Fenster hinausschaue, hauptsächlich bei schönem Wetter, dann könnte ich weinen, weil

mein Leben mit 34 Jahren einfach so an mir vorbeiläuft und nichts besonderes geschieht (ohne Partner) und ich denke, das wird so gehen, bis ich 40 Jahre bin und dann sind sowieso die schönsten Jahre einer Frau vorbei. Und diese Jahre habe ich so sinnlos verbracht. Andere haben einen Partner und in ihrem Leben geht es weiter (Kinder werden groß) und bei mir bleibt alles beim alten. Ich bleibe immer auf der gleichen Stufe stehen. Dann frage ich mich, was dieses Leben dann noch für einen Sinn haben soll, wenn man als Zuschauer lebt. Ich komme mir vor, wie wenn ich gelebt werde und nicht selbst am Leben teilhabe, nur existiere.

Ein schlimmer Schicksalsschlag im Leben und das ganze Leben ist vorbestimmt. Wie schön es doch manche haben, bei denen alles von Kindheit, Jugendzeit bis zur Frau behütet und geordnet ist, dann hat man ganz andere Voraussetzungen, die das Leben schön und leicht machen. Dann sagen manche, man könnte es noch schlimmer treffen, da das stimmt, muß man auch froh sein, daß man wenigstens körperlich gesund ist. Das ist natürlich auch eine Ansicht''.

Frau M., 24 Jahre alt, befreundet:

,,In mir ist eine stille Wut erwacht, nach einem Gespräch mit Marianne. Auch sie gehört zu denen, die mich nicht akzeptieren, wie ich nun mal bin. Ich habe sie satt diese Leute, die glauben, sie müßten mich auf ihren richtigen Weg bringen – und am meisten ärgert mich, daß mich das nicht kalt läßt. Wenn ich allein bin, fühle ich mich eigentlich ganz wohl mit mir. Warum hört das auf, sobald ich mit anderen Menschen zusammen bin? Warum finde ich die anderen grundsätzlich besser, interessanter als mich. Nein, die Frage «warum» ist falsch, daß es an meiner Erziehung liegt, weiß ich – meine Mutter fand nie etwas gut, was ich getan habe, und alle Initiativen, die ich zeigte, wurden unterdrückt oder zumindest angezweifelt. Aber ich will nicht mein ganzes Leben unter den Fehlern meiner Erziehung leiden. Mit allen Freunden, sowohl in Liebesbeziehungen wie in sonstigen Freundschaften lief immer das gleiche Schema ab. Wenn

es nicht so war, habe ich erstaunlicherweise die Kontakte abge-
brochen? Ich habe meine Person nicht behauptet und jetzt ist sie
mir verlorengegangen. Ich habe immer nur versucht, es anderen
recht zu machen, sodaß ich jetzt nicht mehr weiß, was ich eigentlich glaube und denke. Ich weiß nur, ich habe es satt, so wie
es jetzt ist. Immer habe ich langsam aber sicher die Leute, an
denen mir etwas lag, davon überzeugt, daß ich wertlos bin.
Aber nicht durch direkte Worte, durch was aber dann? Durch
Verhaltensweisen, stetiges Bereitsein, ohne eigene Wünsche,
wenig Eigeninitiative. Ich muß mir wohl selbst einen Wert verschaffen: Dazu muß ich zunächst von zuhause weg, mich selbst
ernähren, ganz und gar, nicht nur halb-unerreichbar sein für
Muttis Eingriffe, die Kräfte nicht für Kämpfe zuhause verbrau-
chen. Ich brauche aber wenigstens eine Person, bei der ich mich
aussprechen kann, ohne negativ bewertet zu werden. Dinge
verfolgen, machen, die mir Spaß machen, zunächst allein, bis
ich mir sicher bin, daß ich das, was ich tue, auch wirklich gern
tue, und ich mit der Situation des Alleinseins besser zurecht-
komme. Mich bei allem, was ich sage, zuerst selbst frage, was
ich wirklich darüber denke, und nicht das sage, was ich irgend-
wo gelesen habe oder von einem mir ‚wertvollen‘ Freund gehört
habe, weil es gerade so schön zu dem paßt, was mein Gesprächspartner von sich gibt".

Frau R., 45 Jahre alt, getrennt lebend:
„Warum suche ich immer Männer, die mich leiden lassen?
Warum haben mich normale Verhältnisse nicht interessiert?
Selbst wenn kein Anlaß dazu ist, schaffe ich mir wenigstens
einen. Es fehlt mir in jeder Beziehung, die mir etwas bedeutet,
das Vertrauen in mich selbst. Ich kann nicht glauben, daß ich
auch ein besonderer Mensch bin. Ich gestehe es bereitwillig
vielen anderen zu, mir nicht. Beziehungen, die unsicher sind,
bestätigen mir natürlich jedesmal meine Unzulänglichkeit.
Es läuft immer der gleiche Film: „Du siehst ja wieder einmal,
du kannst keinen Mann halten. So etwas wie du taugt ja auch
gar nichts. Alle Frauen sind besser und schöner als du".

19

Alleinsein muß nicht Einsamkeit bedeuten

Bevor ich auf die Ursachen der Einsamkeit eingehe, möchte ich auf den Unterschied zwischen Alleinsein und Einsamkeit zu sprechen kommen. Viele einsame Menschen glauben, daß man sich in dem Augenblick, in dem man alleine ist, auch einsam fühlen muß. Sie sehen das Alleinsein als die Ursache der Einsamkeit an. Und sie sehen die Anwesenheit eines anderen als Heilmittel gegen die Einsamkeit an. Dieser Ansicht kann ich mich nicht anschließen. Ich halte die Trennung der beiden Begriffe Alleinsein und Einsamkeit für sehr wichtig.

Der Zustand des Alleinseins heißt nichts anderes, als daß in diesem Augenblick kein anderer Mensch anwesend ist. Dieser Zustand kann als befreiend und stärkend oder als lähmend angesehen werden. Alleinsein kann eine Chance sein, sich selbst besser kennenzulernen und seine eigenen Kräfte zu erfahren. Das Alleinsein kann es uns ermöglichen, uns absolut nach unseren eigenen Bedürfnissen zu entfalten. Perioden des Alleinseins können die fruchtbarsten unseres Lebens sein, wenn wir sie einfach annehmen, um uns selbst zu erfahren. Alleinsein kann als Chance u n d als Strafe erlebt werden.

Von Einsamkeit sprechen wir dann, wenn wir das Alleinsein oder Zusammensein mit anderen als Ausgeschlossensein und Verlassensein erleben. Einsam sein bedeutet, seelisch von sich und anderen Menschen getrennt zu sein.

Einsamkeitsgefühle können vorübergehend auftreten oder Dauergast sein. Sie können auftreten,
obwohl Sie verheiratet sind,
obwohl Sie einen Beruf haben,
obwohl Sie von anderen gemocht werden,
obwohl Sie noch jung sind,
obwohl Sie Freunde haben,

obwohl Sie attraktiv sind,
obwohl Sie erfolgreich sind,
obwohl Sie Kinder haben,
obwohl Sie in der Stadt leben,
obwohl Sie auf dem Land leben,
obwohl Sie in einem Verein sind.

Sie können auftreten,
wenn Sie pensioniert werden,
wenn Ihr Partner sich von Ihnen trennt,
wenn die Kinder in die Schule oder aus der Schule kommen,
wenn die Kinder ausziehen,
wenn Sie die Stelle verlieren,
wenn Sie krank sind,
wenn Sie in einer geselligen Runde zusammensitzen,
an Festtagen, an Wochenenden,
wenn der Partner stirbt,
auf Parties, im Theater, Kino, etc.
im Urlaub,
auf dem Bahnhof,
nachts.

Ich könnte die Aufzählung noch beliebig fortsetzen, aber ich erspare uns das. Sie könnten geradezu den Eindruck bekommen, gegen den Einsamkeitsbazillus sei man nirgendwo gefeit und dafür gebe es kein Heilmittel.

Sie haben recht. Ein dauerhaftes Heilmittel gibt es nicht – aber es gibt Möglichkeiten, unsere Abwehr zu stärken und besser damit umzugehen, wenn die Einsamkeitsgefühle auftauchen.

Es gibt zwei denkbare Erklärungsansätze für Einsamkeit:

1. Einsamkeit entsteht aufgrund äußerer Umstände und Situationen.
2. Einsamkeit entsteht aufgrund bestimmter persönlicher Einstellungen.

Aus den einzelnen Beschreibungen meiner Klienten erkennen Sie, daß Einsamkeit weitgehend unabhängig ist von Alter, Geschlecht und Verheiratet/Ledig/Geschiedensein. Einige Menschen leben nur stundenweise von ihrem Partner getrennt und fühlen sich einsam. Andere leben Monate oder Jahre getrennt und verlieren ihre Sicherheit nicht. Es gibt keine Regel, nach der wir sicher sagen können: „Du und du, ihr werdet euch in dieser Situation einsam fühlen". Die erste Erklärung, daß wir uns in bestimmten Situationen einfach einsam fühlen müssen, trifft also nicht zu. Die äußeren Umstände können die Einsamkeit mit beeinflussen, aber nicht verursachen.

Die Fähigkeit, Einsamkeit zu empfinden, besitzt jeder Mensch. Es gibt wohl keinen Menschen, der sich nicht schon irgendwann einmal in seinem Leben einsam gefühlt hat.

Generell lassen sich 3 Phasen der Einsamkeit unterscheiden:

Phase I:
Die momentane, vorübergehende Einsamkeit

Die Einsamkeitsgefühle dauern nur kurze Zeit und sind eine Reaktion auf äußere Umstände. So könnte der Umzug in eine andere Stadt, der Arbeitsplatzwechsel, der Eintritt ins Rentenalter oder auch ein Wochenende, ein Urlaub allein, ein Krankenhausaufenthalt, der Verlust eines Menschen durch Scheidung oder Tod zu kurzfristigen Einsamkeitsgefühlen führen. Ausgelöst durch diese Ereignisse können wir von dem Kontakt mit anderen uns vertrauten Menschen abgeschnitten sein. Diese Phase der Einsamkeit ist nicht schädlich, sondern kann hilfreich sein, uns den neuen Umständen anzupassen. Sie deutet eine Veränderung in unserem Leben an, mit der wir uns erst arrangieren müssen. Sie motiviert uns zum Handeln.

22

Phase II:
Der langsame Rückzug

Die Einsamkeit beginnt, sich zu manifestieren. Dies äußert sich im Verlust des Vertrauens in uns selbst und in andere. Wir verlieren langsam und schleichend die Fähigkeit, zu lächeln und Körperkontakt wie z. B. durch Händeschütteln und Umarmen aufzunehmen. Wir verändern langsam unsere Art, zu sprechen und uns zu unterhalten. Dies hat zur Folge, daß wir für andere keine attraktiven Gesprächspartner mehr sind.

Phase III:
Die chronische Einsamkeit

Die Einsamkeitsgefühle dauern Monate oder Jahre. Alle unsere Fähigkeiten, Kontakt aufzunehmen und aufrechtzuerhalten, für andere attraktiv zu sein, Anerkennung anzunehmen und zu geben, sind verschwunden. Wir verlernen, anderen etwas zu geben. Andere erkennen, daß sie mehr Probleme als Freude mit uns haben, und meiden uns. So geraten wir in einen negativen Kreislauf. Wir können anderen weniger geben. Andere geben uns weniger und wir zweifeln noch mehr an uns, usw. Unsere Fähigkeiten zu kommunizieren werden mangels Training immer weniger und wir fühlen uns immer mehr darin bestätigt, unwichtig und uninteressant zu sein.

Schließlich ziehen wir uns vollkommen zurück oder treiben andere durch unsere Aggressivität und unseren Sarkasmus von uns weg. Wir werden apathisch und unfähig zu fühlen. Nicht selten setzen Menschen in dieser Phase ihrem Leben ein Ende.

Die momentane vorübergehende Einsamkeit werden wir niemals vollkommen aus unserem Leben ausschalten können. Und das ist gut so, denn sie gibt uns die Möglichkeit, unser Leben zu überdenken, zu uns selbst zu finden und neue Aktivitäten zu entwickeln.

Die chronische Einsamkeit ist jedoch in keiner Weise hilfreich für uns und nimmt uns die Möglichkeit zur vollen Entfaltung unserer Persönlichkeit. Sie schließt uns aus von dem lebendigen Leben, das wir haben könnten. Sie ist ein Zeichen von Selbstentfremdung. Sie entsteht aus dem Bruch zwischen dem, was man ist, und dem, was man gerne wäre.

Wir wollen uns im folgenden mit der Vorbeugung und Überwindung der chronischen Einsamkeit beschäftigen.

Woher kommt es nun, daß wir uns alle manchmal einsam fühlen, aber daß nicht jeder Mensch die Phase III, die chronische Einsamkeit erreicht?

Wir haben gesagt, daß Lebensumstände keine ausreichende Erklärung hierfür abgeben können. Also schauen wir uns den 2. Erklärungsansatz, die persönliche Einstellung näher an.

Wir sind offensichtlich unterschiedlich empfänglich für die Einsamkeit. Aber woher kommt die unterschiedliche Empfänglichkeit?

Die Erklärung ist zwar einfach, aber um so schwerwiegender: Wissenschaftliche Untersuchungen haben gezeigt, daß die Empfänglichkeit für Einsamkeit durch bestimmte negative Einstellungen und Sichtweisen entsteht.

Einsamkeit ist primär ein Zustand des Geistes. Er ist die Folge negativer, selbstschädigender Einstellungen.

Jeder einzelne von uns *macht* sich selbst einsam. Jeder Einzelne ist selbst für seine Einsamkeitsgefühle verantwortlich. Einsamkeitsgefühle entstehen, wenn wir denken, daß wir hilflos, ausgeschlossen, ungeliebt, unfähig, minderwertig, etc. sind. Einsamkeitsgefühle sind die Folge unserer Einstellungen, die wir zu uns selbst, zu unserer Lebenssituation und der Zukunft haben.

24

Sie entstehen, wenn wir glauben, die Liebe und Anerkennung anderer unbedingt zu brauchen. Sie entstehen, wenn
wir auf die Initiative anderer warten, uns mit Komplimenten,
Lob und Zuspruch entgegenzukommen, und uns selbst zurück-
halten, weil wir das Risiko fürchten. Sie entstehen, wenn wir
es nicht wagen, zu lieben, aus der Furcht vor Verletzung und
Kränkung oder weil wir bereits gekränkt wurden.

Viele einsame Menschen geben sich selbst für Ihre Einsamkeit die Schuld. Sie glauben, ihre Probleme seien unlösbar
und ihre Zukunft sei hoffnungslos. Viele Menschen beschreiben das damit, daß sie sagen, sie seien einsam, weil sie ein man-
gelndes Selbstvertrauen oder Angst vor Fremden hätten.

Es wird in unserem Leben immer wieder Augenblicke
geben, in denen wir allein sind und uns einsam fühlen. Wir
werden alleine geboren, wir sind meist alleine in der Krank-
heit, werden alleine operiert, bekommen alleine unsere Kinder
und wir sterben meist alleine. Ob wir in diesen Situationen
auch Einsamkeit empfinden, hängt davon ab, welche Lebens-
einstellungen wir haben. Ob wir uns noch weiter zurückziehen
und selbst bemitleiden oder uns anderen Menschen gegenüber wieder öffnen, ist unsere eigene Entscheidung. Nur deshalb weil jeder Mensch diese Entscheidung hat, kann ich dieses
Buch schreiben. Nur deshalb kann ich Ihnen versprechen, daß
Sie Ihre Einsamkeitsgefühle überwinden können. Einsamkeitsgefühle sind ein Signal Ihres Körpers, daß Ihr Leben nicht so
läuft, wie Sie es haben möchten. Nutzen Sie dieses Signal als
Ansporn, Ihr Leben zu verändern. Auch Sie haben die Fähigkeit, sich anderen gegenüber zu öffnen und die Welt als einen
wunderbaren Ort mit Abenteuern, Freude, Liebe und Begeisterung zu erleben.

Das Geheimnis glücklicher Menschen, die alleine leben
und sich nicht oder nur selten einsam fühlen, ist, daß sie mit
sich selbst und ihrem Leben zufrieden sind. Eine liebende Frau,
liebende Freunde oder Partner genügen nicht, Einsamkeitsge-

fühle zu verhindern. Solange Sie denken, daß Sie die Liebe nicht verdienen, weil Sie zu wenig attraktiv, intelligent, etc. sind, werden die Einsamkeitsgefühle bei Ihnen zu Gast bleiben. Solange Sie sich nicht selbst einen Lebenssinn verschaffen, werden Sie sich einsam fühlen. Gleichgültig ob Sie verheiratet sind oder alleine leben, können Sie Ihre Einsamkeit nicht verändern, indem Sie nur die Situation verändern. Die Kraft zur Überwindung Ihrer Einsamkeit liegt in Ihnen selbst, in Ihren Einstellungen zu sich, der Welt und der Zukunft.

26

Kapitel 3

Wie entstehen Gefühle?

Bis jetzt haben wir festgestellt, daß Einsamkeitsgefühle dann entstehen, wenn Sie ganz bestimmte negative Einstellungen zu sich selbst, Ihrer Situation und der Zukunft haben. Einsamkeitsgefühle und Isoliertsein sind also die Folge und nicht die Ursache Ihrer negativen Gedanken.

Vielleicht werden Sie, lieber Leser, nun an dieser Stelle einwenden: „Sie haben gut reden. Ihnen geht es bestimmt viel besser. In meiner Lage muß ich mich doch einsam fühlen".

Dann muß ich Ihnen erwidern, daß Sie einem Irrtum aufgesessen sind. Ihre Gedanken bestimmen Ihre Gefühle und Ihr Verhalten. Nicht umgekehrt. Damit Sie diesen Zusammenhang besser verstehen können, möchte ich Ihnen das ABC der Gefühle vorstellen:

Alle unsere Gefühle entstehen nach dem ABC der Gefühle. Stellen Sie sich vor, Sie sind auf einer großen Party eingeladen und sitzen mit Bekannten in einer Runde zusammen. Alle rings um Sie herum lachen und scheinen sich zu amüsieren. Sie fühlen sich einsam und ausgeschlossen. Woher mögen Ihre Einsamkeitsgefühle kommen?

Um dies herauszufinden, müssen wir wissen, was Sie in dieser Situation denken. Wenden wir deshalb das ABC der Gefühle auf dieses Beispiel an:

27

Unter A schreiben wir die Situation, in der Sie sich objektiv befinden:

A   Situation: Was passiert?
Ich sitze mit Bekannten in einer Runde zusammen. Sie lachen und unterhalten sich.

Unter B schreiben wir die Gedanken, die Sie in dieser Situation haben:

B   Gedanken: Was denke ich?
z. B. könnten Sie denken:
Die anderen sind alle intelligenter als ich. Ich halte lieber meinen Mund.
Niemand interessiert sich für mich.
Wenn ich das Gespräch an mich reiße und mir fällt nichts mehr ein, dann bin ich blamiert.
Die anderen reden nur dummes Zeug. Daran möchte ich mich nicht beteiligen.

Unter C schreiben wir Ihre Gefühle und das Verhalten, das Sie in dieser Situation zeigen:

C   Gefühl und Verhalten: Wie fühle und verhalte ich mich?
Ich fühle mich einsam und sage kein Wort.

Jeder einzelne Gedanke, der unter B aufgeführt ist, erklärt, warum Sie sich einsam fühlen und sich so verhalten. Wir können Ihre Gefühle erst verstehen, wenn wir wissen, wie Sie in dieser Situation denken. Ihre Gedanken sind der Schlüssel zu Ihren Gefühlen und Ihrem Verhalten.
Schauen wir uns nun einmal an, wie die anderen, die sich amüsieren, denken könnten: Deren ABC der Gefühle könnte z. B. so aussehen:

A   Was passiert?
Ich sitze mit Bekannten in einer Runde zusammen.

B   Was denke ich?
    Das sind alles nette Menschen hier. Sie mögen mich und
    wir verstehen uns. Das war eine gute Idee, auf dieses Fest
    zu gehen. Es ist schön, sich über dieses Thema mit den an-
    deren zu unterhalten. Ein gelungener Abend, tolle Stim-
    mung.

C   Wie fühle und verhalte ich mich?
    Ich bin froh, zufrieden, selbstsicher und unterhalte mich.

    Auch hier erklären die Gedanken, warum sich die Bekann-
ten gut fühlen.
    Sie bewerten die Situation positiv und haben demzufolge
auch positive Gefühle.

    Für jede Situation haben wir grundsätzlich drei Möglich-
keiten der Bewertung, positiv, negativ und neutral und damit
auch 3 Gefühlsbereiche, d. h. wir erleben positive, negative und
neutrale Gefühle.

    Deshalb kann es auf der Party auch Menschen geben,
deren ABC der Gefühle folgendermaßen aussieht:

A   Was passiert?
    Ich sitze mit Bekannten in einer Runde.

B   Was denke ich?
    Bis jetzt ist es angenehm zuzuhören, was die anderen er-
    zählen.

C   Wie fühle und verhalte ich mich?
    Ich bin ruhig, gelassen und still.

    Das ABC der Gefühle hilft uns, deutlich zu machen, daß
wir uns unsere Gefühle selbst machen. Das, was passiert, können wir nicht mehr ändern, wenn es schon passiert ist. Aber
wir haben immer die Chance, unsere Gedanken und damit
unsere Gefühle zu verändern.

Das ABC der Gefühle

A Situation

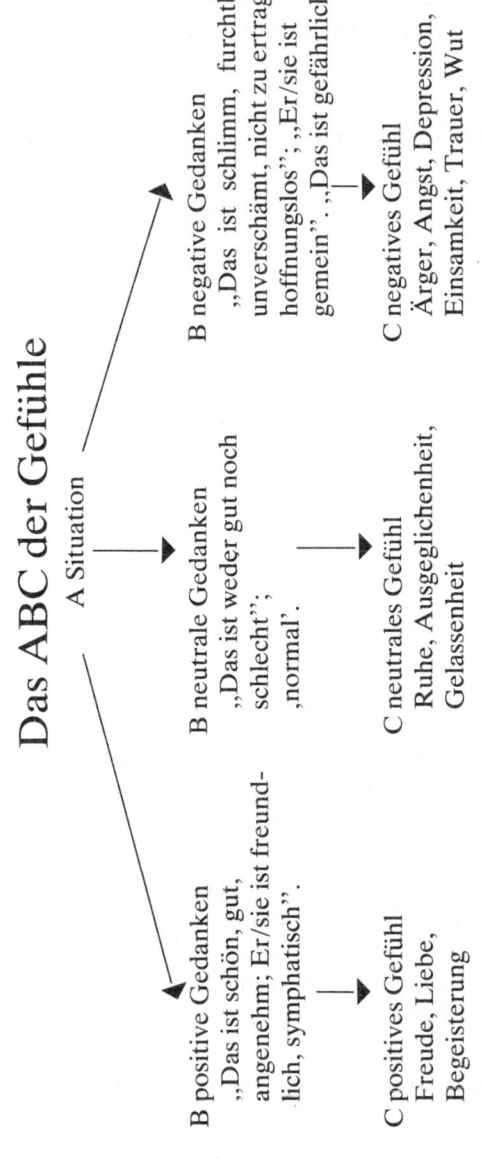

B positive Gedanken
„Das ist schön, gut, angenehm; Er/sie ist freundlich, symphatisch".

C positives Gefühl
Freude, Liebe, Begeisterung

B neutrale Gedanken
„Das ist weder gut noch schlecht"; ‚normal'.

C neutrales Gefühl
Ruhe, Ausgeglichenheit, Gelassenheit

B negative Gedanken
„Das ist schlimm, furchtbar, unverschämt, nicht zu ertragen, hoffnungslos"; „Er/sie ist gemein". „Das ist gefährlich".

C negatives Gefühl
Ärger, Angst, Depression, Einsamkeit, Trauer, Wut

Ein anderer kann zwar über die Situation bestimmen, aber niemals über unsere Gefühle. Wir bestimmen selbst über unsere Gefühle, indem wir die Situation in ganz bestimmter Art und Weise bewerten.

Das ABC der Gefühle hier noch einmal im Überblick:

A   Situation
    Was passiert?

B   Gedanken
    Was denke ich?

C   Gefühl und Verhalten
    Wie fühle und verhalte ich mich?

Gleichgültig, ob Sie es wollen oder nicht, verarbeitet und bewertet Ihr Gehirn in jedem bewußten Augenblick Ihres Lebens jedes Ereignis als positiv, negativ oder neutral.

Als Maßstab für seine Bewertung vergleicht es das betreffende Ereignis mit allen in Ihrem Leben jemals gemachten und gespeicherten Erfahrungen. Haben Sie noch kein vergleichbares Ereignis erlebt, richtet sich Ihr Gehirn in seiner Bewertung nach dem Erlebnis, das noch am ehesten vergleichbar ist. Auch das Wissen, das Sie sich angelesen haben, wertet das Gehirn als Erfahrung. Je nach Ihrer Bewertung reagiert Ihr Körper mit positiven Gefühlen wie Freude und Begeisterung, mit neutralen Gefühlen wie Ruhe und Ausgeglichenheit oder mit negativen Gefühlen wie Angst, Ärger, Einsamkeit, Depression. Auch wenn Sie sich Ihrer Gedanken nicht immer bewußt sind, denken Sie immer etwas. Ihre Gedanken steuern Ihr bewußtes Verhalten und Ihre Gefühle.

Mit dem Erlernen der Sprache beginnen Sie, die Ereignisse in Ihrem Leben als gut/schlecht oder neutral für Sie selbst zu bewerten. Ihre Eltern und andere Bezugspersonen vermitteln Ihnen einen Begriff davon, was gut und böse ist. Sie bringen Ihnen diese Bewertungen und Normen mit Hilfe von Belohnung, Bestrafung, Nichtbeachtung, etc. bei. Der Erziehungsprozeß ist dann abgeschlossen, wenn Sie selbst die gleichen Maßstäbe wie Ihre Eltern anlegen und eine Situation als negativ oder positiv einschätzen, ohne daß Ihre Eltern Sie daran erinnern müssen.

Je häufiger Sie eine Situation als gut oder schlecht bewerten, desto eher wird die Bewertung automatisch, d. h. Sie erhalten den Eindruck, nichts zu denken und nur zu fühlen.

Von Geburt an haben wir lediglich die Fähigkeit, alle Gefühle zu empfinden, mitbekommen. Wie häufig wir Angst, Ärger, Freude, Depression, Einsamkeit, Ekel, etc. empfinden, bestimmen unsere Bewertungen, die wir im Laufe unseres Lebens erworben haben.

Ein Beispiel für das Erlernen von Bewertungen ist z. B. das Erlernen eines Ekelgefühls bei Schmutz. Kleine Kinder nehmen alles in den Mund, was sie in ihre Finger bekommen. Sie haben noch kein Ekelgefühl gegenüber Schmutz erlernt. Wenn die Eltern jedesmal, wenn das Kind Schmutz in die Hände oder in den Mund nimmt, mit Tadel, Schlägen, etc. reagieren, wird das Kind lernen: Schmutz ist schlecht und eklig.

Gleichzeitig mit dieser Bewertung wird das Kind ein Ekelgefühl entwickeln. Als Erwachsener werden Sie sich kaum noch dieser Gedanken bewußt sein, sondern nur noch auf „Ihr Gefühl hören". Es wird Ihnen ganz normal erscheinen, bei Schmutz Ekelgefühle zu haben.

Gleichgültig ob Ihnen das ABC der Gefühle glaubhaft erscheint oder nicht, Sie haben in Ihrem Leben bis jetzt immer danach gefühlt und gehandelt. Mit einem einzigen Unterschied:

Sie haben Ihren Blick bis jetzt wahrscheinlich immer auf Ihre Gefühle gelenkt und nicht auf Ihre Gedanken. Und wenn man seinen Blick nur auf das Auftauchen und Verschwinden bestimmter Gefühle lenkt, bekommt man den Eindruck, die Situation oder andere Menschen würden unsere Gefühle bestimmen.

Zeugen dieser falschen Schlußfolgerung sind Redewendungen wie:

„Du machst mich ärgerlich"
„Es kommt einfach über mich"
„In der Situation muß ich mich so fühlen"
„Er verletzt mich/kränkt mich"
„Das jagt mir Angst ein"
„Sie macht mich traurig"
„Am Wochenende fühle ich mich immer einsam"
„Wenn ich glückliche Paare sehe, muß ich mich
als Versager fühlen"
„Wenn man allein ist, muß man sich einsam fühlen"

Wir können heilfroh sein, daß jeder von uns selbst ganz allein dafür zuständig ist, wie er sich fühlt und verhält. Stellen Sie sich einmal vor, die Situation oder andere könnten tatsächlich über Ihre Gefühle bestimmen. Ihnen blieben dann nur zwei Möglichkeiten zu reagieren: die Resignation oder der Versuch, den anderen zu verändern. Sehr viele Menschen, die sich als Opfer anderer Menschen sehen, wählen den Weg der Resignation. Sie betäuben ihre negativen Gefühle mit Drogen, Alkohol oder Medikamenten. Andere wiederum sind aggressiv und zynisch oder kritisieren ständig andere Menschen, weil sie sich ihnen ausgeliefert oder unterlegen fühlen. Auch der Rückzug von anderen Menschen und die Isolation sind meist die Folge davon, daß sich Menschen gefühlsmäßig anderen Menschen ausgeliefert sehen.

Die Einsamkeitsgefühle sind Ausdruck davon, daß Menschen sich selbst nicht mögen und deshalb Angst davor haben, von anderen abgelehnt zu werden. Gleichzeitig haben sie Angst davor, anderen Zuwendung zu geben. Der Schlüssel zu Verständnis der Einsamkeit und zur Befreiung aus der Einsamkeit sind die Einstellungen zu sich selbst und zu anderen.

Denkanstoß

Stellen Sie sich einen wunderschönen Vogel vor, der in einem unverschlossenen Käfig sitzt. Er sitzt dort den ganzen Tag und fühlt sich einsam und verlassen. Zu Beginn seines Käfigdaseins hat er noch gesungen und war an seiner Umwelt interessiert, aber jetzt sitzt er fast nur noch apathisch in einer Ecke des Käfigs. Der Vogel weiß nicht, daß er gleichzeitig Gefangener und Wärter ist.

Die Tür ist unverschlossen und er kann jederzeit in die Freiheit fliegen, wann immer er es möchte. In seinem Innern ist die Fähigkeit erhalten geblieben, zu fliegen.

Aber der Vogel bleibt sitzen und bedauert sich. Manchmal wird er ein kleines bißchen aktiver und man spürt seine innere Energie – dann wenn er auf die Menschen schimpft, die ihn in den Käfig getrieben haben und ihn scheinbar gefangenhalten.

Er hätte die Chance, die große weite Welt wiederzusehen, aber gleichzeitig bedeutet die Welt für ihn auch eine Gefahr. Wenn er das Risiko eingehen würde, seinen Käfig zu verlassen, würde er seine Angst verspüren, verletzt zu werden und sich zu stoßen. Er würde sich auch dem Vergleich mit anderen Vögeln aussetzen.

So bleibt der wunderschöne Vogel lieber im Käfig sitzen, der ihm Schutz bietet, und hadert mit seinem Schicksal.

Alles, was er tun müßte, um sein Leben zu verändern, wäre, seine inneren Fähigkeiten zu nutzen und das Risiko einzugehen, sich ein paar Beulen zu holen. Gewinnen könnte er die Freiheit und die Möglichkeit, Neues zu entdecken.

Sitzen Sie auch in einem unverschlossenen Käfig, der gleichzeitig Begrenzung und Schutz bietet?

Teil II

Beziehung zu sich selbst knüpfen

„Wer mit sich selbst klarkommt, findet auch Freunde", so könnte man den Inhalt der folgenden Kapitel aus Teil II zusammenfassen.

Ganz im Gegenteil zu der Meinung der meisten einsamen Menschen ist der Kontakt zu anderen nicht die Lösung ihrer Einsamkeitsprobleme. Die Isolierung und Abgesondertheit von anderen hat ihre Ursache in der persönlichen Einstellung des Einzelnen zu sich selbst.

Und bevor der Einzelne seine negativen Einstellungen zu sich selbst nicht grundlegend verändert hat, kann er keine dauerhafte erfolgreiche Beziehung zu anderen knüpfen.

Deshalb wollen wir uns in Teil II zunächst damit befassen, wie Sie sich selbst sehen und welchen Einfluß Ihre Meinung über sich auf Ihre Gefühle hat. Dann werden Sie die Möglichkeit haben, eine größere Selbstachtung aufzubauen. Ich werde Ihnen dabei helfen, eventuelle Widerstände und Blockaden gegen eine Veränderung abzubauen und den Umlernprozeß zu verstehen. Die Veränderung Ihres Selbstbildes wird Ihnen nicht ganz leicht fallen, da Sie es schon sehr lange in Ihrem Kopf haben.

Kapitel 4

Die Liebe zu sich selbst

Keine Angst, lieber Leser. Ich will Sie nicht davon abbringen, Kontakt mit anderen Menschen oder Zweisamkeit statt Einsamkeit anzustreben. Ich persönlich halte es für sehr erstrebenswert, sein Leben und seine Erfahrung mit anderen Menschen zu teilen. Ich glaube, daß es für uns Menschen sehr wichtig ist, den Kontakt mit anderen anzustreben.

Aber – der 1. Schritt aus der Einsamkeit ist nicht der Schritt auf den anderen Menschen zu. Der erste Schritt aus der Einsamkeit ist der Schritt auf sich selbst zu. Ohne Kontakt und Achtung vor der eigenen Person ist kein langfristiger und intensiver Kontakt zu anderen Menschen möglich. Ohne mit sich selbst zufrieden zu sein, kann niemand anderer Sie auf Dauer zufrieden machen.

Ohne gelernt zu haben, alleine sein zu können, sind Sie nicht wirklich bindungsfähig. Nur wer mit sich selbst allein zufrieden ist, wer von seinen Stärken und Schwächen weiß, wird sich auf andere Menschen einstellen können.

Für den Augenblick ist es deshalb wichtig, die krampfhafte Suche nach d e m Partner aufzugeben. Lassen Sie zu, daß Sie im Augenblick alleine sind. Lassen Sie zu, daß Sie im Augenblick keine Freunde haben. Lernen Sie, eine erfüllende Beziehung mit sich selbst aufzubauen. Dann werden Sie in einem 2. Schritt auch eine erfüllende Beziehung zu anderen aufbauen können – sofern Sie es dann noch möchten. Falls Sie sich in einer Partnerschaft befinden, ist es für den Augenblick gut, daß Sie an sich selbst arbeiten und die Beziehung zu sich selbst knüpfen.

Es gibt zwei Wege, mit Einsamkeit umzugehen: sie zu ‚heilen‘ oder sich mit ihr zu arrangieren. Sich mit der Einsamkeit zu arrangieren, bedeutet, sich an das Gefühl zu gewöhnen, ohne daran unterzugehen. Es bedeutet, sich so wenig wie möglich zu ändern.

Einsamkeit zu heilen, bedeutet, sich innerlich und äußerlich zu verändern. Es bedeutet, aufzuhören, sich selbst abzulehnen. Es bedeutet, sich selbst anzunehmen, lernen, zu kommunizieren und attraktiv zu sein.

Entscheiden Sie sich jetzt, wie Sie mit Ihrer Einsamkeit umgehen möchten. Ich nehme an, daß Sie die Einsamkeit überwinden möchten, sonst hätten Sie sich wahrscheinlich nicht dieses Buch gekauft.

Lehnen Sie sich jetzt in Ihren Sessel zurück und gestehen Sie sich ein, daß Sie einsam sind. Ihre Einsamkeit ist das Ergebnis bestimmter Vorstellungen, die in Ihrem Kopf herumschwirren.

Einsame Menschen lehnen sich selbst mehr ab, als es jemals ein anderer tun würde. Sie erwarten, daß sie von anderen abgelehnt werden, und ersparen anderen diese Erfahrung. Es ist, als ob sie eine Wette mit sich selbst abgeschlossen hätten, daß sie nicht gemocht werden, und sich dann dementsprechend verhalten, daß sie die Wette gewinnen und möglichst viele Freunde verlieren müssen. Einsame Menschen haben ganz charakteristische Grundeinstellungen, die sie in die chronische Einsamkeit hineinführen und verhindern, daß sie wieder herauskommmen.

Diese negativen Grundeinstellungen greifen ihr Selbstwertgefühl an und machen es dem Einzelnen schwer, Kontakte zu knüpfen und eine intensive Beziehung zu anderen Menschen zu entwickeln.

Viele einsame Menschen haben ein sehr geringes Selbstwertgefühl und leiden unter Depressionen. Sie vergleichen sich permanent mit anderen und ziehen daraus die Schlußfolgerung, ein Versager und minderwertig zu sein. Sie sehen sich als unattraktiv, dumm, häßlich, etc. und fühlen sich demzufolge nicht liebenswert. Sie haben perfektionistische Erwartungen an sich selbst, wie sie sein sollten, um beim anderen überhaupt ankommen zu können. Im stillen glauben sie von sich, keinen Partner und keine Freunde finden zu können. Sie verlangen von sich, jede Situation ohne Angst und Nervosität bewältigen zu können, und setzen sich unter Druck, anderen gegenüber keine Schwäche zu zeigen. Sie erwarten von einer Partnerschaft dauerhafte Verliebtheit und Begeisterung. Bei Konflikten und Auseinandersetzungen geraten sie in Panik. Sie haben Angst, eigene Gefühle zu offenbaren, weil der andere sie ihrer Ansicht nach ablehnen würde. Aus Angst vor einer Trennung schlucken sie häufig Enttäuschungen und Ärger hinunter. Einsame Menschen haben eine starke Angst vor Ablehnung und vermeiden es häufig, sich diesem Risiko auszusetzen. Sie haben die Einstellung, zu ihrem Glück einen Partner zu benötigen, und vernachlässigen sich völlig, wenn sie alleine sind. Häufig erscheinen einsame Menschen auch sarkastisch und kritisierend, obwohl sie im Grunde genommen Nähe suchen. Sie stellen perfektionistische Forderungen an den Partner. Sobald der andere von diesen Forderungen abweicht, wird er für sie uninteressant und sie werten ihn ab.

Schauen Sie sich die nun folgenden negativen Einstellungen an. Sie sind besonders charakteristisch für die Menschen, die im Augenblick noch keinen Partner haben. Suchen Sie nach den Gedanken, die Ihnen vertraut sind. Für Menschen, die in einer Partnerschaft leben und einsam sind, trifft nur ein Teil der unten aufgeführten Einstellungen zu. Deren charakteristische Einstellungen und Gefühle sind Minderwertigkeitsgefühle, perfektionistische Forderungen an den Partner, Forderungen der dauernden Liebe und Zuwendung, Angst vor Kritik und Ablehnung, Angst vor dem Alleinsein, Angst, sich zu öffnen und seine Gefühle zu zeigen, Abwertung des anderen, das Gefühl, in der Partnerschaft/Freundschaft gefangen zu sein. Im Verlaufe des Buches werde ich verstärkt auf diese Einstellungen eingehen, die eine intensive Beziehung blockieren oder verhindern, daß man Kontakte zu anderen aufnimmt.

Charakteristische Einstellungen einsamer Menschen:

Selbstablehnung:

Ich bin nicht liebenswert und werde es beweisen

Ich bin nicht attraktiv, intelligent, liebenswert genug,
um Freunde zu finden und zu halten.
Die Tatsache, daß ich keinen Partner habe, beweist,
daß ich nicht in Ordnung bin.
Ich kann kein Gespräch anknüpfen, weil ich es
nicht am Leben erhalten kann.
Ich brauche einen Partner, um glücklich zu sein.
Ohne Partner lohnt es sich nicht, es mir schön zu machen.
Ich bin ein Versager.
Andere sind nur aus Mitleid mit mir zusammen.
Ich habe zu wenig zu bieten für einen Partner und
für Freunde.
Ich kann erst wirklich glücklich sein, wenn ich Freunde
habe, die mich mögen.
Alle anderen haben eine Partnerschaft und sind
glücklich, nur ich nicht.

Allein sein, heißt abnormal sein.
Mit mir stimmt etwas nicht. Alle Beziehungen brechen
immer ab.
Ich werde für immer einsam sein und niemals
einen Partner finden.
Ich kann mein Leben alleine nicht ertragen.

Angst vor Ablehnung durch andere:

Der andere darf meine Minderwertigkeit nicht entdecken

Andere Menschen werden mich auslachen.
Bestimmt entdecken andere, wie wenig ich zu
bieten habe.
Ich kann nicht ertragen, abgelehnt zu werden.
Wenn andere mich näher kennenlernen, entdecken
sie, daß mit mir nichts los ist, deshalb lohnt es sich erst
gar nicht, Kontakt aufzunehmen.
Wenn ich mein Innerstes zeige, werden andere erkennen,
wie wenig ich wert bin. Deshalb bleibe ich lieber allein.
Ich darf dem anderen nicht zeigen, was ich wirklich
fühle und denke, sonst lehnt er mich ab.
Andere nehmen mich nicht für voll, wenn ich etwas
alleine unternehme.
Andere werden nicht an mir interessiert sein.

Ärger über andere, Kritik, Zynismus:

*Der andere ist nicht in Ordnung, deshalb will ich ihn nicht
kennenlernen*

Andere wollen immer nur das eine.
Alle anderen sind blöd, dumm, albern, vulgär.
Die Besten sind schon vergeben.
Mit solchen Menschen will ich nichts zu tun haben.
Ich traue keinem, der vorgibt, es läge ihm etwas an mir.

41

Mein Partner sollte anders sein, als er ist.
Es wäre schwierig für mich, jemanden zu lieben, der nicht
meinen Vorstellungen von dem Idealpartner entspricht.

Menschen, die sich häufig oder über längere Zeit einsam
fühlen, haben eine sehr schlechte, negative Beziehung zu sich
selbst. Sie haben eine negative Meinung über sich, halten sich
für einen Versager und nicht liebenswert. Sie geben sich die
Schuld für ihre Einsamkeit und Isolation.

Es ist richtig, daß Sie die Verantwortung für die Einsamkeit haben, aber Sie haben keine Schuld. Sie haben sich in der
Vergangenheit so gefühlt und verhalten, weil Sie es nicht anders wußten und konnten. Sie wußten nicht, daß Ihre Gedanken für Ihre Einsamkeit verantwortlich sind. Ihre Person ist
vollkommen in Ordnung. Sie besitzen bereits alles in Ihrem
Innern, um aus Ihrer Einsamkeit herauszukommen. Sie nutzen
diese Fähigkeiten im Augenblick nur falsch. Genauso wie Sie
Ihre Einsamkeit schaffen können, können Sie Ihre Zufriedenheit schaffen. Sie benötigen hierzu jedoch eine neue Einstellung zu sich selbst.

Mit der Einstellung, mit Ihnen sei etwas nicht in Ordnung
und Sie werden nie mehr Freunde oder einen Partner gewinnen, können Sie sich nicht zufrieden fühlen. Sie werden dann
tatsächlich keine Freunde finden können. Sie müssen zwangsläufig depressiv werden und sich einsam fühlen. Sie müssen
sich selbst bedauern und minderwertig fühlen. Sie müssen sich
isolieren und Angst vor Ablehnung haben. Sie müssen andere
Menschen ablehnen, um sich nicht der Gefahr der Ablehnung
durch andere auszusetzen.
Selbst wenn andere Sie ernsthaft mögen, werden Sie sich
dennoch abgelehnt und gemieden fühlen. Sie werden sich arrogant oder gehemmt anderen gegenüber verhalten und möglicherweise tatsächlich erreichen, daß diese Sie bemitleiden oder
ablehnen.

Oder aber wenn Sie einen Partner/Freund finden, werden Sie sich an ihn klammern und alles tun, um ihn zu halten. Sie werden viele Kompromisse eingehen und sich vieles gefallen lassen, um die Angst vor dem Alleinsein zu vermeiden.

Um aus der Einsamkeit herauszugelangen, müssen Sie Ihre negativen Einstellungen verändern. Deshalb möchte ich Ihnen jetzt positive realistischere Einstellungen aufzeigen. Sie brauchen die neuen Einstellungen im Augenblick noch nicht zu glauben oder von ihnen überzeugt zu sein. Es genügt, wenn Sie diese durchlesen und erkennen können, daß Sie sich auch anders fühlen würden – wenn Sie diese glauben könnten.

Alles und jedes startet mit der Selbstachtung und eigenen Wertschätzung. Wenn Sie beginnen, sich selbst zu mögen, werden sich Wunder in Ihrem Leben ereignen.

Charakteristische Einstellungen für Menschen, die sich und andere mögen:

Selbstachtung:

Ich bin in Ordnung, so wie ich bin

Ich bin einzigartig und wunderbar.
Ich bin in Ordnung, wie ich bin.
Ich habe Stärken und Schwächen wie jeder
Mensch.
Ich werde an meinen Schwächen arbeiten, ohne
mich abzulehnen.
Ich habe genau wie jeder andere Mensch die
Möglichkeit, Freunde oder einen Partner zu finden.

Offenheit, Kontakte zu knüpfen und Menschen kennenzulernen:

Manche Menschen werden mich mögen und manche nicht

43

Das schlimmste, was andere an mir entdecken
können, ist, daß ich Fehler und Schwächen habe
wie sie auch.
Wenn andere mich ablehnen, ist das lediglich
deren Meinung und sagt etwas über deren Erwartungen und Erfahrungen aus – nicht aber
über mich.
Ich akzeptiere mich so, wie ich bin.
Ich habe ein Recht darauf, meine Wünsche und
Bedürfnisse zu äußern.

**Offenheit, Kontakte zu knüpfen und Menschen kennenzuler-
nen:**

Andere Menschen sind in Ordnung

Ich akzeptiere die Schwächen anderer und freue mich
über ihre Stärken.
Andere Menschen sind liebenswert.

Solange Sie sich selbst nicht achten, werden Sie unter dem
Druck stehen, Menschen finden zu müssen, die Sie achten.
Wenn Sie unter dem Druck stehen, jemanden finden zu müssen, werden Sie Signale aussenden, die die anderen Menschen
vertreiben. Oder aber Sie werden auf jemanden treffen, der
wie Sie, dem Alleinsein davonläuft, und sich nur zu gerne an
einen anderen klammert. Solch eine Beziehung steht aber bestimmt unter keinem glücklichen Stern. Wenn Sie bewußt mit
sich leben können und das Alleinsein ertragen, ohne es mit
zwanghaften Aktivitäten zu betäuben, üben Sie auf andere
eine magische Anziehungskraft aus. Wenn Sie in Ihrer Kom-
munikation liebevoll zu sich selbst und zu den anderen sind,
werden andere Sie mögen. Sie werden Sie achten, wenn sie etwas von Ihnen bekommen, und nicht weil sie Ihnen etwas geben
müssen. Lassen Sie uns also beginnen, Ihre Selbstachtung
aufzubauen.

Kapitel 5

Widerstände in Ihrem Kopf

Was Ihnen im nächsten Kapitel in die Quere kommen kann, sind Gedanken wie:

„Ich fühle mich nicht in Ordnung. Das beweist, daß ich minderwertig bin".
„Die Tatsache, daß ich allein bin, beweist, daß mit mir etwas nicht stimmt".
„Ich will doch kein Egoist werden, sondern Freunde finden".
„Der andere ist schuld an meiner Einsamkeit, ich brauche mich nicht ändern".

Diese Einwände höre ich von nahezu allen meinen Klienten zu Therapiebeginn. Da die meisten Menschen zunächst glauben, daß die Lösung ihres Einsamkeitsproblems darin liegt, einen Partner oder Freunde zu finden, wehren sie sich gegen das Arbeiten an der eigenen Person.

Zudem sind sie meist so auf ihr Gefühlsleben konzentriert, daß sie übersehen, daß sie selbst der Urheber ihrer Gefühle sind.

Ich habe in der Therapie dann jeweils zwei Möglichkeiten, auf die Einwände einzugehen:

1. Ich kann dem Klienten zustimmen, daß er tatsächlich minderwertig ist, weil er alleine lebt oder keine Freunde hat. Dies hat zur Folge, daß er sich von mir verstanden und bestätigt fühlt. Aber wie könnte ich dann weiterhelfen? Ich könnte ihn dann nur in seiner Opferrolle bemitleiden und ihm bestätigen, daß alles hoffnungslos ist.

2. Ich kann dem Klienten zustimmen, daß er sich minderwertig fühlt, weil er denkt, daß er minderwertig ist. Dies hat zur Folge, daß er sich zunächst unverstanden fühlt. Er bekommt den Eindruck, ich tue seine Gefühle ab. Aber es ist die einzige Möglichkeit, ihm aus seinem eigenhändig erbauten Käfig herauszuhelfen. Ich verstehe in diesem Fall also, warum sich der Klient minderwertig fühlen muß, aber ich weigere mich, seine Meinung als richtig anzuerkennen, daß er es tatsächlich ist.

Da ich auf den folgenden Seiten die 2. Alternative wähle und mich weigere, Ihre negativen Einstellungen zu akzeptieren, überlasse ich Ihnen die Entscheidung, ob Sie weiterlesen möchten oder nicht.

Wählen Sie selbst:

Wollen Sie sich Ihr ganzes Leben lang bedauern?
Wollen Sie mit dem Schicksal hadern?
Wollen Sie andere Menschen beneiden?
Wollen Sie Ihr Leben mit Selbstmitleid verbringen?
Wollen Sie ein hoffnungsloser Fall sein, der davon lebt, andere oder die Situation für sein Leben verantwortlich zu machen?
Wollen Sie Angst vor anderen Menschen haben?
Wollen Sie andere Menschen weiterhin ablehnen?
oder
Wollen Sie lernen, sich selbst zu mögen?
Wollen Sie lernen, alleine zufrieden zu sein?
Wollen Sie neue Menschen kennenlernen?

Wollen Sie, sich sinnvoll und erfüllt erleben?
Wollen Sie offen sein für neue Beziehungen?
Wollen Sie andere Menschen mit ihren Stärken und Schwächen akzeptieren?

Haben Sie sich entschieden?
Dann ist es gut. Sie brauchen noch nicht zu wissen, wie Sie dorthin gelangen. Sie brauchen nur Ihre Zustimmung, daß Sie dorthin gelangen können, und die Bereitschaft, alles dafür zu tun.

Achten Sie auf Ihre Gedanken.
Immer wenn in Ihrem Kopf „Ja, aber ......" auftaucht, blockieren Sie sich. Es ist nämlich ein beliebtes Spiel vieler einsamer Menschen, auf jeden Vorschlag des Therapeuten mit „Ja, aber ......" zu reagieren. Der Therapeut bemüht sich um passende Ratschläge und der Klient sagt: „Ja, aber ich hab's versucht" oder „Ich krieg's einfach nicht fertig" oder „Sie verstehen mich nicht". Sie schieben dabei dem Therapeuten die Verantwortung für ihr Problem und die Veränderung ihrer negativen Einstellungen zu.

Die Überwindung Ihrer Einstellungen wird nicht ohne Widerstände in Kopf und Bauch abgehen. Weshalb das so ist, erfahren Sie im folgenden Abschnitt.

Wie haben sich Selbsthaß und Selbstliebe entwickelt?

Wenn wir Menschen geboren werden, haben wir die absolute Überzeugung, daß wir die wichtigsten Menschen auf der ganzen Welt sind. Wir fordern von unserer Umwelt die bedingungslose Erfüllung unserer Bedürfnisse. Und wir machen die ersten Erfahrungen damit, daß uns nicht alle unsere Bedürfnisse immer und überall erfüllt werden. Mit der Entwicklung der Sprache lernen wir, unsere Erfahrungen auch sprachlich zu bewerten und zu speichern. Unsere Eltern oder andere erste Bezugspersonen vermitteln uns eine Vorstellung davon, was wir sind. Hatten wir Eltern, die uns überwiegend kritisierten, bestraften, ablehnten, ignorierten und uns wenig körperliche Zuwendung gaben, entwickelten wir das Konzept, „schlecht und nicht liebenswert zu sein". Hatten wir Eltern, die uns häufig lobten, nur bestimmte Verhaltensweisen tadelten, uns aber als gesamte Person akzeptierten und uns auch körperlich Zuwendung gaben, entwickelten wir ein Konzept, „in Ordnung zu sein".

Unsere erste Meinung über uns selbst haben wir also von unseren Eltern übernommen. Wir konnten noch keine Einwände machen und uns wehren. Wir konnten noch nicht trennen zwischen der Meinung unserer Eltern über uns und unserer tatsächlichen Person. Wir konnten noch nicht unterscheiden zwischen einer falschen Verhaltensweise und dem Wert unserer gesamten Person. Wir konnten noch nicht die Zusammenhänge zwischen der Reaktion unserer Eltern und deren Persönlichkeit erkennen. Wir konnten noch nicht erkennen, daß unsere Eltern sich aufgrund bestimmter Umstände so verhalten mußten. Da wir noch materiell und körperlich von unseren Eltern abhängig waren, strebten wir danach, ihnen zu gefallen, und stellten eigene Bedürfnisse zurück. Für den Erziehungsprozeß ist es notwendig, daß uns die Anerkennung und das ‚Gut-sein' mit den Eltern wichtig ist. Nur so können wir wichtige Fähigkeiten, Verhaltensweisen und Normen für unser späteres Leben erlernen.

Als Erwachsene haben wir nun die Möglichkeit, die Meinung, die wir im Laufe unseres Lebens über uns entwickelt haben, nochmals zu überprüfen. Dazu müssen wir sie uns als erstes wieder bewußt machen. Schauen Sie hierzu nach Ihren Gefühlen. Immer wenn Sie negative Gefühle haben, haben Sie auch negative Gedanken. Immer wenn Sie positive Gefühle haben, haben Sie auch positive Gedanken. Ihre Gefühle können Sie nicht übersehen. Sie sagen Ihnen, wo etwas falsch läuft in Ihrem Denken. Jeder Gedanke, den Sie haben, wird unmittelbar in eine körperliche Reaktion umgesetzt. Sie können das überprüfen, indem Sie jetzt einen Augenblick das Buch aus der Hand legen und sich ganz lebendig noch einmal die schlimmste Situation vorstellen, die sich in Ihrer Kindheit ereignet hat. Versuchen Sie, sich die Situation möglichst plastisch vor Augen zu führen. Dann schauen Sie nach Ihrem Gefühl. Wenn Ihnen die Vorstellung gelungen ist, dann müßten Sie die gleichen Gefühle wie damals verspüren, wenngleich vielleicht nicht ganz so intensiv.

Jeder Ihrer Gedanken wirkt genauso, als ob ein anderer etwas zu Ihnen sagt. Da Sie wahrscheinlich auch Angst davor haben, daß ein anderer Sie kritisiert oder kränkt, wissen Sie, welche Auswirkungen ein eigener kritisierender, abwertender Gedanke auf Ihren Körper hat.

Jeder Ihrer kritisierenden, abwertenden oder fordernden Gedanken wirkt sich auf Ihre Gefühle aus. Wenn Sie als Erwachsener so über sich denken, wie Ihre Eltern als Kind mit Ihnen gesprochen haben, werden Sie die gleichen Gefühle verspüren wie als kleines Kind. Jetzt sind jedoch nicht mehr Ihre Eltern, sondern Sie ganz alleine für Ihre Gedanken verantwortlich. Wollen Sie nun als Erwachsener die Meinung über sich ändern, dann ist nur eine Kleinigkeit anders als beim Kind:

Sie lernen die Meinung über sich nicht neu, sondern Sie verändern eine alte Meinung, die schon automatisch ist. Aber diese Kleinigkeit hat große Folgen:

Das Verändern einer Gewohnheit

Bis jetzt haben wir festgestellt, daß unsere Gedanken bestimmen, wie wir uns fühlen – gleichgültig ob wir uns unserer

Gedanken noch bewußt sind oder nicht. Haben wir einmal eine bestimmte Gefühlsreaktion entwickelt, indem wir genügend oft in ein- und derselben Weise gedacht haben, sagen wir, wir glauben an das, was wir denken. Unser Glaube ist nichts anderes, als daß wir ein passendes Gefühl zu einem bestimmten Gedanken haben. Unser Glaube sagt nichts darüber aus, daß es tatsächlich richtig ist, was wir denken. Wir können unseren Körper dazu bringen, zu jedem noch so ,irrsinnigen' Gedanken das passende Gefühl zu produzieren. Haben wir uns nun als Kinder eine ganz bestimmte negative Meinung über uns selbst angewöhnt, dann glauben wir auch an die Richtigkeit dieser Meinung. Wollen wir diese Meinung als Erwachsener verändern, weil wir erkannt haben, daß sie nicht richtig ist, kommen uns unsere Gefühle ins Gehege. Wir haben dann ,,das Gefühl, daß unsere neue Meinung nicht richtig ist''. Klienten beschreiben diesen Zustand häufig mit den Worten: ,,Ich belüge mich selbst'', oder,,Ich mache mir etwas vor'', oder ,,Das bin nicht ich selbst''.

Dieser Widerspruch zwischen Kopf und Bauch ist biologisch erklärbar. Wir können sehr viel schneller einen Gedanken veränden als eine Gefühlsreaktion. Da unser Körper immer bestrebt ist, einen Gleichgewichtszustand aufrechtzuerhalten, muß er bestimmte Gewohnheiten entwickeln. Gewohnheiten ersparen dem Körper Energie, und wir können mehrere Dinge gleichzeitig erledigen, ohne uns in Lebensgefahr zu bringen. Wenn wir uns zurückerinnern, wieviel Mühe es uns gekostet hat, schreiben, das Einmaleins oder autofahren zu lernen, ist es doch eine großartige Erleichterung, wenn uns unser Körper nur noch alarmiert, wenn etwas entgegen der Routine läuft. Das Umlernen alter Einstellungen und Gewohnheiten ist vergleichbar mit dem Erlernen einer neuen Sprache. Obwohl Sie von klein auf deutsch sprechen gelernt haben, können Sie lernen, italienisch zu sprechen. Zunächst einmal müßten Sie hierzu Vokabeln und Redewendungen lernen. Dann würden Sie in Ihrem Kopf jedes Wort mühselig vom deutschen ins italienische übersetzen. Schließlich würde Ihnen sofort die passende italienische

Redewendung einfallen. Mit noch mehr Training könnten Sie sogar in Ihren Träumen italienisch sprechen.

Jedes Umlernen einer Gewohnheit durchläuft 5 Phasen:

1. Geistige Einsicht
   Sie wissen, wie Sie anders denken müssen, um sich anders zu fühlen. Das ist rein theoretisches Wissen.

2. Übung
   Sie wiederholen die neuen Einstellungen, indem Sie in den entsprechenden Situationen anders denken und sich verhalten.

3. Widerspruch zwischen Kopf und Bauch
   Sie denken Ihre neuen Gedanken und Ihr Gefühl sagt Ihnen, daß diese nicht stimmen.

4. Kopf und Bauch stimmen überein
   Sie haben Ihre neuen Gedanken und glauben daran.

5. Neue Gewohnheit
   Die Gedanken laufen automatisch ab. Sie sind sich nur noch Ihrer Gefühle bewußt.

Wenn Sie sich nun mehr Selbstachtung erwerben wollen, bleiben Ihnen diese 5 Phasen nicht erspart. Aber Sie können es schaffen. Es lohnt sich. Wahrscheinlich haben Sie beim Erlernen des Autofahrens auch nicht mit der Fahrstunde gewartet, bis Sie keine Angst mehr vor dem Fahren hatten. Sie haben sich „gegen den Bauch" ins Auto gesetzt, solange bis Sie schließlich keine Angst mehr beim Fahren verspürten.

Denkanstoß

Stellen Sie sich in Ihrer Phantasie einen riesigen Apfelbaum vor, der über und über voll mit Äpfeln hängt. Da gibt es wunderschöne Äpfel, die wie gemalt aussehen und zum Reinbeißen verlocken. Diese sind rund und reif. Da gibt es Äpfel, die noch grün und zurückgeblieben sind. Da gibt es Äpfel, die faulig und runzlig sind. Jeder einzelne Apfel gehört zum Apfelbaum und alle zusammen machen den Apfelbaum aus. Ohne die fauligen wüßten Sie die gesunden Äpfel nicht zu schätzen. Der Apfelbaum als solcher ist einzigartig. Es gibt keinen einzigen Apfelbaum auf der Welt, der an der gleichen Stelle steht, genauso alt und groß ist, und den gleichen Einflüssen von Wetter und Umwelt ausgesetzt war und ist. Es gibt keinen Apfelbaum auf der ganzen Welt, der gleichviele und gleichartige Früchte trägt wie dieser Baum.

Der Apfelbaum ist vergleichbar mit Ihrer gesamten Person. Sie sind einzigartig und wunderbar. Es gibt niemanden mehr, der genau so wie Sie ist. Die Äpfel sind vergleichbar mit all Ihren Eigenschaften. Es gibt niemanden mehr auf der Welt, der die gleiche Kombination an Eigenschaften besitzt wie Sie. Die reifen und gesunden Äpfel des Baumes stellen Ihre Stärken und Fähigkeiten dar, die fauligen Äpfel verkörpern Ihre Schwächen. So wie Sie den Apfelbaum nicht fällen würden, nur weil er ein paar faule Äpfel trägt, durch die zudem noch irgendwelche Insekten am Leben erhalten werden, ist es nicht sinnvoll, sich selbst abzuwerten oder ‚zu fällen', nur weil Sie ein paar Schwächen haben. Ihre Schwächen und Stärken gehören zu Ihrer Person. Jetzt im Augenblick können Sie diese nur akzeptieren. Für die Zukunft können Sie daran arbeiten, die Schwächen in Stärken umzuwandeln.

Kapitel 6

Wie gewinne ich
mehr Selbstachtung?

Viele einsame Menschen wissen nicht, daß sie wenig Selbstachtung haben und sie leugnen auch ihre Feindseligkeit gegenüber anderen Menschen. Sie bemerken nicht, wie sie sich dauernd brutal abwerten. Sie denken, daß sie sich schlecht fühlen, weil andere Menschen sie nicht mögen. Sie bemerken gewöhnlich nicht, daß ihr Unglücklichsein aus ihrem Innern kommt und ihr wahrer Feind der Mangel an positiven Gefühlen über sich selbst ist. Sie fühlen sich einsam und isoliert, weil sie nicht wissen, wie sie sich selbst lieben können.

Bevor wir uns mit dem Aufbau größerer Selbstachtung beschäftigen, möchte ich Ihnen am Beispiel einer Klientin die gewaltigen negativen Folgen negativer Selbstachtung aufzeigen.

Frau N., 28 Jahre alt, kam zu mir in Therapie, weil sie sehr darunter litt, keinen Kontakt zu anderen Menschen zu haben. Sie gab ihrem Aussehen die Schuld für ihre Einsamkeit und Isolation. Ich stellte ihr folgende Aufgabe: „Was haben Sie davon, wenn Sie denken, „Ich bin häßlich und die Welt schaut nur auf Äußeres"? Die Klientin fand folgende Vorteile und Nachteile für ihr Denken:

Vorteile, wenn ich so denke:
„Ich bin realistisch, mache mir keine Illusionen,
Ich habe keine überspannten Erwartungen in Bezug auf Freundschaften,
baue Enttäuschungen vor,
bin weniger enttäuscht, wenn man mich nicht beachtet, nicht sympathisch findet, mein Aussehen unvorteilhaft findet".

Nachteile, wenn ich so denke:
„fühle mich minderwertig, häßlich, traurig,
werde mich in eine Rolle pressen, z. B. zurückhaltend, zurückweisend, mißmutig, traurig, verbittert sein,
werde mich nicht lieben und annehmen können,
werde anderen Menschen als ungerecht, gemein und rücksichtslos bezeichnen,
werde mich mehr zurückziehen, noch weniger Kontakte haben".

Die Klientin glaubte, sich durch ihre Einstellung, häßlich zu sein, vor Enttäuschungen durch andere schützen zu können, aber das Gegenteil ist der Fall.

Zunächst einmal tut sie so, als ob es objektive Kriterien gäbe, wann man häßlich ist. Sie stellt ihre Häßlichkeit als unveränderlich und nicht bezweifelbare Tatsache dar. Dann geht sie zu der unzulässigen Verallgemeinerung über, daß alle anderen Menschen sie auch häßlich finden und nur auf ihr Äußeres schauen. Sie weiß gar nicht, ob andere Menschen sie auch häßlich empfinden. Die Geschmäcker und Vorlieben sind verschieden. Die Bewertungen ‚häßlich' und ‚hübsch' sind rein subjektiv und eine Ansichtssache. Das bedeutet gleichzeitig, daß sie selbst bestimmen kann, ob sie sich als häßlich bezeichnet. Selbst wenn alle anderen Menschen sie als häßlich ansehen würden, bräuchte sie sich selbst nicht auch als häßlich bezeichnen. Selbst wenn aber alle anderen Menschen sie als häßlich ansehen, ist noch nicht gesagt, daß das Aussehen für alle Menschen das wichtigste an einem Menschen ist.

Wenn sie einfach annimmt, sie sei häßlich und alle anderen Menschen sehen sie auch so, wird sie immense Minderwertigkeitsgefühle bekommen. Sie wird sich in Gegenwart anderer, und wenn sie allein ist, schlecht fühlen. Sie wird die möglichen positiven Reaktionen anderer übersehen oder mit Zufall oder Täuschung entschuldigen. Sie schützt sich vor der Ablehnung durch andere, indem sie sich von vornherein selbst ablehnt. Ihre Überzeugung, daß sie häßlich sei, alle anderen sie auch als häßlich ansehen und nur auf ihr Äußeres achten, führt zu Ängsten und Sarkasmus anderen gegenüber. Mit dieser Überzeugung kann sie bei anderen Menschen nicht ankommen. Ihre Mimik, Gestik und Körperhaltung werden ihre Einstellung widerspiegeln und andere eher abstoßen oder zur Nichtbeachtung bringen. Sie schadet sich also mit einer solchen Einstellung auf zweierlei Art und Weise. Zum einen fühlt sie sich selbst als der ‚erbärmlichste Wurm' hier auf Erden, zum anderen wird ihr die Umwelt das bestätigen – nicht weil sie es tatsächlich wäre, sondern weil sie denkt, es zu sein.

An diesem Punkt begann der Kampf in der Therapie.

Die Klientin versuchte, mir zu beweisen, daß sie tatsächlich häßlich sei und sie sich deshalb keine Illusionen machen oder etwas falsches einreden wolle. Sie sagte, daß sie sich häßlich und minderwertig fühle. Ich würde mich nur in ihr täuschen wie viele andere und zu gut von ihr denken.

Ich ging folgendermaßen auf die Argumentation ein:

„Ich akzeptiere ihr Gefühl, minderwertig und häßlich zu sein. Ich möchte ihnen das Gefühl weder abstreiten noch wegnehmen. Sie sind die Einzige, die verspürt, wie sie sich fühlen. Alles, was ich ihnen sagen möchte, ist, daß ihr Gefühl kein Beweis dafür ist, daß sie tatsächlich häßlich und minderwertig sind. Ihr Gefühl ist lediglich das Ergebnis ihrer Einstellung, minderwertig zu sein. Solange sie so denken, werden sie sich auch so fühlen. Ich denke, daß diese Einstellung in ihrem Leben nicht grundlos entstanden ist. Sie haben mir erzählt, daß sie als Kind häufig gehänselt und ausgelacht wurden. Aber sie können jetzt als Erwachsener neu entscheiden. Sie können entscheiden, ob sie weiterhin so negativ über sich denken möchten. Wenn sie das tatsächlich möchten, dann kann ich ihnen jedoch auch nicht dabei helfen, sich besser zu fühlen oder befriedigendere Kontakte zu anderen Menschen zu finden. Ich möchte ihnen nicht erzählen, daß sie sich zur nächsten Miss Universum-Wahl melden sollten. Das wäre genausowenig hilfreich, wie sich als häßlich zu betrachten. Ich möchte ihnen nur erklären, daß sie die absolute Wahl über ihre Einstellung und ihre Gefühle haben. Je mehr sie sich bei ihren Einstellungen an die Tatsachen halten, um so weniger Probleme haben sie mit ihrem Gefühl und ihrem Verhalten. Wenn sie lernen, sich so zu akzeptieren, wie sie sind – ohne Bewertung als hübsch oder häßlich – werden sie aus ihrer Einsamkeit kommen''.

Die Klientin hörte sich meine Begründung zwar an, aber zunächst stand ihr ihr eigenes wohlbekanntes Gefühl, minderwertig und häßlich zu sein, im Wege. Und wenn Sie sich an das Kapitel mit dem Thema Umlernen erinnern, muß dies tatsächlich auch so sein. Das Gefühl ist immer das allerletzte, was sich im therapeutischen Prozeß dauerhaft verändert. So traurig es ist, aber so ist der menschliche Organismus konstruiert. Wer zuerst darauf wartet, daß seine Gefühle sich verändern, bevor er Verhalten und Einstellung verändert, wartet sein Leben lang vergeblich. Wer mit der Veränderung seiner Einstellungen beginnt, muß und wird auch eine Veränderung in seinen Gefühlen erleben. Und so erlebte es auch meine Klientin, nachdem sie sich bereit erklärt hatte, meine ‚Theorie' auszuprobieren und mit der Veränderung des Denkens zu beginnen.

Einige Fragen, die ich ihr noch mit auf den Weg gab, waren:

,,Was können sie verlieren, wenn sie meine ‚Theorie' erproben?''

,,Werden sie einsamer und unglücklicher werden, wenn sie aufhören, sich täglich abzuwerten und zu beschimpfen?''

,,Was können sie gewinnen, wenn sie positiver über sich selbst denken?''

56

Liebe Leserin, lieber Leser, nun sind Sie an der Reihe, sich diese Fragen zu beantworten. Schreiben Sie zunächst einmal auf, was Sie sich alles in Ihrem Leben vorwerfen und in Ihren Augen anders machen sollten:

1. Ich sollte ....

2. Ich sollte ....

3. Ich sollte ....

4. Ich sollte ....

5. Ich sollte ....

6. Ich sollte ....

7. Ich sollte ....

8. Ich sollte ....

9. Ich sollte ....

10. Ich sollte ....

Nehmen Sie sich nun jede einzelne Frage noch einmal vor und fragen Sie sich:

„Was könnte ich verlieren, wenn ich diese Forderung aufgeben würde und mich so akzeptiere, wie ich bin?"
„Was könnte ich gewinnen, wenn ich diese Forderung aufgeben würde und mich so akzeptiere, wie ich bin?"

Vorsicht: Das Aufgeben der Forderung bedeutet nicht, daß Sie sich nicht darum bemühen, das Beste aus Ihrer Situation zu machen.

Es bedeutet, daß Sie aufgeben, von sich etwas zu fordern, was Sie im Augenblick nicht oder vielleicht niemals verändern können. Es bedeutet aufzugeben, sich unter Druck zu setzen, und nur Nachteile dadurch zu haben. Es bedeutet, sich im Augenblick so zu nehmen, wie Sie sind.

Sind Sie bereit dazu, daran zu arbeiten, sich im Augenblick so zu nehmen, wie Sie sind? Dann haben Sie schon den ersten Schritt zu mehr Selbstachtung getan.

Selbstachtung ist unabhängig davon,
was Sie bis jetzt in Ihrem Leben geleistet haben,
welche Schulbildung Sie haben,
wie Sie aussehen,
ob Sie einen Partner haben,
ob Sie eine Anstellung haben,
wieviel Geld Sie verdienen,
wieviel Freunde Sie haben,
welches Alter Sie haben,
wie Ihre Eltern sich Ihnen gegenüber verhalten haben.

Zugegeben mag es einfacher sein, sich selbst zu achten, wenn man eine, mehrere oder gar alle Kriterien erfüllt. Aber es ist nur schwerer und nicht aussichtslos, wenn Sie all diese Punkte nicht vorweisen können.

Lassen Sie uns nun daran gehen, etwas für Ihre Selbstachtung zu tun. Wenn ich von Selbstachtung spreche, dann meine ich, wie Sie selbst über sich denken und zu sich sprechen.
Überlegen Sie einmal, wie Sie jemanden behandeln, vor dem Sie Achtung haben. Wahrscheinlich werden Sie freundlich mit ihm sprechen, Wert auf Ihr Äußeres legen, nett über ihn denken. Sie werden überlegen, wie Sie ihm eine Freude machen können, und stolz darauf sein, mit ihm befreundet zu sein. Sie werden sich freuen, von ihm gemocht und wichtig genommen zu werden.

Stellen Sie sich einmal vor, wie schön es wäre, wenn Sie selbst das Zentrum Ihrer Selbstachtung wären:

Sie würden freundlich zu sich sprechen, sich dadurch erfreuen, daß Sie sich nett anziehen, nett über sich denken. Sie würden überlegen, wie Sie sich selbst eine Freude machen können, und stolz darauf sein, sich selbst zu sein. Sie würden sich selbst wichtig und ernst nehmen. Und dadurch würden Sie Selbstachtung gewinnen und haben.

All das, was anderen Menschen gut tut, wird auch Ihnen gut tun. Sie wissen genau, wie Sie anderen Menschen positive Gefühle bereiten können, wenn diese das zulassen. Wenn Sie es zulassen, können Sie dies auch für sich erreichen. Und das Schönste beim Erlernen größerer Selbstachtung ist: Es kann Ihnen im Grunde genommen nichts mehr Schlimmes passieren. Sie werden, wenn Sie sich selbst mögen und akzeptieren, eine Ausstrahlung auf andere haben, die Sie anziehend macht. Andere Menschen suchen nämlich nach Menschen, die sie begeistern und ihr eigenes Leben verändern, und nicht nach einer Person, die nicht alleine leben kann. Und falls andere sie nicht mögen, fühlen Sie sich gut und in Ordnung, weil Sie selbst gut zu sich sind. Im Zusammensein mit anderen wird keine Gefahr mehr liegen und im Alleinsein ebenfalls nicht. Was kommt, wird recht sein. Alleinsein wird nicht mehr zu chronischer Einsamkeit führen, Zusammensein mit anderen nicht mehr zu Angst vor Ablehnung.

Im folgenden möchte ich Ihnen jetzt konkrete und praktische Übungen zum Aufbau Ihrer Selbstachtung anführen. Setzen Sie sich über Ihr Gefühl hinweg, sich selbst zu betrügen. Setzen Sie sich über Ihren Irrglauben hinweg, erst alles in Ordnung bringen zu müssen oder erst jemanden haben zu müssen, der Sie mag, bevor Sie sich selbst achten können. Tun Sie einfach so, als ob Sie eine wildfremde Sprache lernen wollen: die Sprache der Selbstachtung.

Übungen zum Aufbau einer größeren Selbstachtung

1. Vermeiden Sie die krampfhafte Suche nach Anschluß oder einem festen Partner.

Das mag für Sie zunächst wie der totale Widerspruch zu Ihrem Ziel, von der Einsamkeit loszukommen, klingen. Aber dieser Schritt ist notwendig. Solange Sie die Hoffnung in einen Märchenprinzen oder eine Märchenprinzessin setzen, der oder die Ihnen alles erfüllen kann, geben Sie Ihre Macht aus der Hand. Sie liefern sich anderen Menschen aus. Zunächst müssen Sie die Beziehung zu einem Menschen knüpfen, der Ihnen absolut beisteht, und das sind Sie selbst. Dann werden sich alle anderen Kontakte ebenfalls entwickeln können. Nur wenn Sie sich selbst absolut und uneingeschränkt achten, unterstützen und lieben, können Sie eine erfolgreiche Beziehung zu anderen Menschen finden. Nur wenn Sie lernen, alleine glücklich zu leben, können Sie die weiteren Kapitel des Buches auch erfolgreich auf sich anwenden.

2. Akzeptieren Sie sich so, wie Sie sind.

Stellen Sie sich zuhause vor einen Spiegel und schauen Sie sich in die Augen. Schauen Sie nicht auf Falten, Pickel, Haare, etc. sondern direkt in Ihre Augen.

Schon an diesem Punkt tauchen bei vielen Klienten Schwierigkeiten auf. Viele haben sich schon jahrelang nicht mehr in die Augen geschaut. Manche haben sogar seit Jahren den Spiegel gemieden. Widerstehen Sie Ihrem Impuls, Ihren Blick von sich abzuwenden. Sie wollen mehr Achtung sich selbst gegenüber entwickeln. Jemandem, den Sie achten, schauen Sie auch in die Augen, oder nicht? Wenn Sie Ihren Blicken standhalten können, sagen Sie laut zu sich:

„........ (Ihr Vorname), ich bin bereit, dich so zu akzeptieren, wie du bist".

Probieren Sie gleich jetzt, sich 3 Mal hintereinander laut diesen Satz zu sagen und sich dabei in die Augen zu schauen.

Wie ist es Ihnen ergangen?
Kommen Sie sich lächerlich und albern vor? Haben Sie das Gefühl, sich vor sich selbst zu ekeln? Sind Ihnen dabei Tränen gekommen? Hatten Sie den Eindruck, sich selbst zu belügen?
Dann sind Sie mit Ihren Erlebnissen nicht allein. Fast alle meine Klienten machten zu Beginn dieser Übung solche oder ähnliche Erfahrungen. Diese Erfahrungen sind ganz natürlich.

Wir haben nicht gelernt, uns selbst anzunehmen und zu loben. Äußerungen wie ‚Eigenlob stinkt' haben wir oft genug gehört. Wir wurden stattdessen dazu erzogen, uns zu kritisieren und abzulehnen. Und wenn man gewöhnt ist, sich sein Leben lang zu kritisieren, muß es einem fremd vorkommen, sich plötzlich anzunehmen. Erinnern Sie sich noch, daß Umlernen immer bedeutet, gegen das alte Gefühl anzugehen?

Lassen Sie sich also nicht von Ihrem Gefühl irreführen. Ihr Gefühl will Ihnen weismachen, daß man so jemanden wie Sie nicht akzeptieren kann. Aber das stimmt nicht. Ihr Gefühl ist lediglich die Folge Ihrer alten Gedanken. Je häufiger Sie Ihre neuen Gedanken denken, desto richtiger werden Sie sich ‚anfühlen'.
Setzen Sie sich über das ‚Gefühl des Schauspielens' hinweg. Das ‚Schauspielen' kostet auch nicht mehr Energie als Ihre negativen Gedanken und die daraus resultierenden negativen Gefühle und Verhaltensweisen.

Sie können nicht verlieren, sondern nur gewinnen, wenn Sie diese Übung machen. Ihr Geist bestimmt über Ihren Körper und Ihre Gefühle. Deshalb kann ich Ihnen versprechen, daß Sie sich anders fühlen werden, wenn Sie anders denken lernen.
Beginnen Sie, sich von nun an täglich 300 Mal (Sie haben richtig gelesen dreihundert Mal) diesen Satz: „...... (Ihr Vorname), ich bin bereit, dich zu akzeptieren, wie du bist", zu sagen.

Kümmern Sie sich nicht um Ihr Gefühl. Ihr Gefühl wird sich passend zu Ihren neuen Gedanken verändern. Es braucht nur etwas Zeit.

So, nun haben Sie schon die wichtigste Übung erlebt. Mit jedem Mal, mit dem Sie Ihre neuen Gedanken denken, kommen Sie Ihrem Ziel, mehr Selbstachtung einen Schritt näher. Ich kann Ihnen nicht sagen, wieviele Schritte Sie bis zu Ihrem Ziel benötigen, aber ich versichere Ihnen, daß Sie Ihrem Ziel mit jedem Mal, mit dem Sie Ihre neuen Gedanken denken, ein Stück näher kommen.

3. Vermeiden Sie jegliche Selbstverurteilung und Selbstabwertung.

Sagen Sie bei Fehlern, die Sie machen:
,,Ich habe im Augenblick das getan, was für mich möglich war. Ich habe mein Bestes gegeben''.

Erinnern Sie sich daran, was Sie jemanden sagen würden, den Sie achten und dem ein Fehler unterlaufen ist. Die gleiche Milde, das gleiche Verständnis haben Sie auch verdient.

4. Gestalten Sie sich Ihr Leben genauso, als ob Sie schon einen Partner hätten.

(Diese Übung gilt nicht für einsame Menschen, die verheiratet sind).
Das ist eine dicke Aufgabe. Ich höre Sie schon tausend Einwände bringen wie: ,,Allein kann man das und das nicht tun''. ,,Allein macht es keinen Spaß.'' ,,Es lohnt sich nicht für mich alleine''. ,,Wofür sich so bemühen, es hat ja doch keinen Sinn''.
Doch, doch, doch. Es hat für Sie alleine einen Sinn: den Sinn, das Leben alleine zu genießen und Ihre Zeit aktiv und nicht mit Warten und trüben Gedanken zu verbringen.

Eine bekannte amerikanische Therapeutin stellt Teilnehmern ihrer Einsamkeitsseminare folgende Frage: „Wie lange würden sie mit jemanden zusammenleben, bei dem sie nur lieblos zubereitetes Dosenessen bekommen, der die meiste Zeit mit fernsehen oder radiohören verbringt, fast nie ausgeht oder zuhause fast nie etwas interessantes tut?" Wahrscheinlich nicht lange.

Wenn Sie sich selbst so behandeln, können Sie natürlich Ihre eigene Gesellschaft nicht genießen. Sie können dann alleine nicht zufrieden sein und müssen denken, nur durch einen Partner können Sie erfüllt werden. Sie müssen dann, wenn Sie alleine sind, eine gähnende innere Langeweile verspüren. Das Alleinsein als solches wird Sie niemals unglücklich machen. Aber wenn Sie sich selbst lieblos behandeln, werden Sie es werden. Tatsache ist, daß Sie sich selbst mißbrauchen und sich dadurch einsam fühlen – nicht das Alleinsein ist die Ursache.

Selbstachtung zeichnet sich dadurch aus, daß Sie bereit sind, sich liebevoll und behutsam zu behandeln, – gerade dann, wenn Sie allein sind. Das kostet Mühe und Anstrengung, bis Sie sich daran gewöhnt haben. Beginnen Sie deshalb jetzt damit, sich vorzustellen, diese besondere Person, auf die Sie warten, würde heute Abend zu Ihnen kommen. Wie würden Sie dieser Person begegnen? Was würden sie zusammen unternehmen? Würden Sie die Wohnung noch besonders herrichten? Würden Sie sich nett anziehen? Würden Sie etwas zu essen kochen? Würden Sie bestimmte Musik auflegen? Ich nehme an, Sie würden die hübschesten Kleider anziehen, Ihr Lieblingsessen servieren und die Dinge tun, die Sie am meisten lieben.

Auf diese Weise würden Sie Ihrem Gast zeigen, wie sehr Sie um ihn bemüht sind und sich freuen.

Behandeln Sie sich heute Abend ganz genauso – als ob Sie diese spezielle Person sind. Auch hierbei werden Sie zunächst auf das begeisterte Gefühl warten müssen. Ihr Gefühl wird Ihnen zunächst mitteilen, daß Sie sich all diese Beachtung nicht geben können. Ihr Gefühl wird Ihnen sagen: „Ohne Gesellschaft mußt du dich einsam fühlen. Das ist Selbstbetrug, was du machst". Hören Sie nicht auf Ihr Gefühl, es erzählt Ihnen nur die alte Geschichte. Wenn Sie sich eine Zeitlang so verhalten, als ob Sie diese spezielle Person sind, werden Sie beginnen, Sie für sich selbst zu sein, und sich ‚echt' fühlen.

5. Setzen Sie sich Ziele, die Sie alleine verwirklichen können.

Schauen Sie sich in Ihrem Bekannten- oder Kollegenkreis einmal um. Was tun die Menschen, die Sie bewundern oder beneiden?

Ahmen Sie es nach. Warten Sie nicht, bis Sie diese Dinge zusammen mit einem Partner oder mit Freunden tun können. Jetzt haben Sie es verdient, es sich gut gehen zu lassen.

Setzen Sie für sich die Ziele, die Sie sich am meisten ersehnen.

Ziele, die ich in den nächsten 90 Tagen angehen möchte:

in meinem Beruf (Fortbildung, Computerkurs, etc.)

im Haushalt (neue Kochrezepte erproben, biologische Produkte selbst herstellen, basteln, nähen, etc.)

für meinen Körper (Massage, Kosmetikkurs, gesunde Ernährung, Sauna, Gymnastikkurs, Joggen, spazierengehen, etc.)

zu meiner Entspannung und Vergnügung (Photographieren, Bonsai, Kakteenzucht, Töpfern, Salzteig, Glasmalerei, Reisen, Einkaufsbummel, etc.)

zur persönlichen Weiterentwicklung (Selbsterfahrungsgruppe, Volkshochschulkurs, Sprachkurs, Bibliothek besuchen, Museum, Bildungsreise, Theater, etc.)

im sozialen Bereich (Kirchliche Aktivität, grüne Frauen, Rotes Kreuz, Nachbarschaftshilfe, etc.)

andere Bereiche:

Gerade die Aktivität im sozialen Bereich hilft Ihnen dabei, zu erkennen, daß Sie anderen Menschen auch etwas zu geben haben. Es bringt Sie weg von dem Gedanken, von anderen etwas zu brauchen.

Formulieren Sie Ihre Ziele möglichst konkret und genau, damit Sie auch bemerken, wann Sie Ihr Ziel erreicht haben. Achten Sie darauf, daß Sie keine unrealistischen Ziele formulieren und sich somit nur einmal mehr beweisen, ein Versager zu sein.
Ihr Ziel sollte beinhalten: Wann Sie beginnen, wie häufig Sie etwas für dieses Ziel tun und wie das Tun aussieht. Z. B. ich will in diesem Wintersemester der Volkshochschule einen Sprachkurs am Mittwochabend beginnen und ihn an jedem der 12 Abende besuchen.

Nachdem ich Sie jetzt mit einer ganzen Reihe „kluger Ratschläge" überschüttet habe, werden Sie wahrscheinlich wieder denken: „Wenn es so einfach wäre, hätte ich all dies längst getan".
Darin muß ich Ihnen recht geben. Es ist nicht damit getan, Ratschläge zu geben. Außerdem ist es einfacher, Ratschläge zu geben, als sie durchzuführen. Ich möchte es deshalb nicht bei den Ratschlägen belassen, sondern Ihnen dabei helfen, sich dazu zu motivieren, die Ratschläge umzusetzen.

Was Ihnen in der Vergangenheit gefehlt hat, waren nicht die Ideen, sondern die Einstellungen und Vorstellungen, die Sie diese Ideen verwirklichen ließen. Vielleicht haben Sie viele Enttäuschungen erlebt und sind jetzt völlig verbittert. Vielleicht haben Sie jetzt gar keine Ideen mehr, sondern diese sind ganz tief in Ihnen verschüttet. Aber ich bin sicher, Sie hatten irgendwann in Ihrem Leben Ideen, was das Leben für Sie bringen sollte. Lassen Sie diese Ideen wieder an die Oberfläche kommen. Sie haben ein Recht darauf, in Ihrem Leben glücklich zu sein. Sie haben ein Recht, ja mehr noch, die Fähigkeit, glücklich zu sein – wenn Sie sich die Macht Ihres Geistes positiv zunutze machen.

Ihr Geist ist vergleichbar mit fruchtbarer Erde. Sie haben die Erde bis jetzt nicht genügend gepflegt. Sie haben nichts ausgesät, nicht gehackt und gegossen. Und so konnten Sie nur Unkraut ernten. Die Erde unter Ihren Füßen wird Früchte hervorbringen und gedeihen lassen. Sie müssen jedoch zuerst aktiv werden und alles tun, bevor Sie ernten können. Sie dürfen nicht auf die Ernte warten, und dann erst etwas aussäen. Am Anfang steht die Vorstellung, daß die Arbeit Erfolg bringen wird, dann die Arbeit und dann erst der Erfolg.

Beginnen Sie also mit der Vorstellung des zukünftigen Erfolgs.

Wie kann ich an den Erfolg glauben?

Wir sprechen dann von Glauben, wenn wir etwas denken und gleichzeitig das dazu passende zustimmende Gefühl verspüren. Wenn ich Ihnen z. B. sage, daß Sie heute Abend alleine ins Theater gehen werden, dann glauben Sie mir das wahrscheinlich nicht. Sie stellen sich nämlich in Gedanken den Theaterbesuch mit all Ihren negativen, hemmenden Gedanken vor und bekommen dadurch Angst und Anspannung in Ihrem

Körper. Sie sehen sich wahrscheinlich völlig allein und verlassen im Theater in einer Ecke stehen und alle anderen mit Fingern auf sich zeigen. Auf diese Weise entsteht ein Widerspruch zwischen Kopf und Bauch und gewöhnlich siegt der Bauch. Solange Sie sich diesen Theaterbesuch so negativ in der Phantasie ausmalen, kann Sie Ihr Körper nicht unterstützen. Sie müssen dann Angst und damit eine Hemmung Ihres Wunsches, ins Theater zu gehen, bekommen. Das ist auch der Grund, warum gute Ratschläge und Vorsätze alleine nichts nützen. Sie müssen zunächst alles tun, damit sich Ihre Blockierung und Hemmung im Körper auflösen können. Sie müssen Ihre Vorstellung so positiv umgestalten, daß Ihr Körper mit positiven Gefühlen reagieren kann. Sie müssen zunächst den Glauben stärken, daß es klappen wird. Glaube heißt Übereinstimmung zwischen Kopf und Bauch.

Um etwas Neues zu lernen und die Übereinstimmung zwischen Kopf und Bauch zu erreichen, müssen wir zunächst anders denken. Wir müssen uns das vorstellen, woran wir glauben lernen wollen und was wir erreichen möchten; – ohne darauf zu warten, daß wir es gefühlsmäßig schon glauben. Im Beispiel des Theaterbesuchs würde das so aussehen, daß Sie sich immer wieder vorstellen, ins Theater zu gehen und Freude zu haben. Sie müssen sich also erst darin üben, sich vorzustellen, daß etwas klappt, bevor es in der Realität auch klappen kann. Dann müssen Sie sich nach der neuen Vorstellung verhalten und tatsächlich ins Theater gehen. Wenn Sie so denken und sich so verhalten, muß Ihr Glaube kommen. Ihr Körper wird nicht umhin können, ein Gefühl der Freude auf den Theaterbesuch zu entwickeln. In der Psychologie nennt man das Üben in der Vorstellung. Sie kennen im Grunde genommen Vorstellungsübungen schon ganz genau. Wenn Sie sich z. B. geärgert haben, und in Ihrem Geist die Situation immer und immer wieder vorbeiziehen lassen, üben Sie sich darin, Ihren Ärger zu behalten. Oder aber Sie sollen eine Rede halten und stellen sich im Vorab vor, wie Sie während der Rede stottern und rot werden. Dann machen Sie negative Vorstellungsübungen. Sie üben sich darin, etwas zu erreichen, was Sie gar nicht erreichen wollen. Wir wol-

len in Zukunft positive Vorstellungsübungen machen, d. h. Sie
sollen sich das vorstellen, was Sie wirklich erreichen möchten.

Das Prinzip, das hinter den Vorstellungsübungen steckt,
ist die Fähigkeit unseres Gehirns, auch zu lernen, wenn etwas
nicht wirklich passiert, sondern nur in der Phantasie. Unser
Gehirn kann nicht unterscheiden, ob wir uns lediglich etwas
vorstellen oder ob es wirklich passiert. In der Sportpsychologie
nennt man dieses Prinzip ‚Mentales Training‘. Es wird von
Sportlern eingesetzt, um die Leistung zusätzlich zum täglichen
praktischen Training zu steigern.

Wissenschaftler haben herausgefunden, daß dieser Trai-
ningseffekt noch zusätzlich erhöht wird, indem man die
Vorstellungsübungen in der Entspannung durchführt. In der
Entspannung kann das Gehirn Informationen besser speichern
und sie laufen schneller automatisch ab. Deshalb möchte ich
Ihnen hier noch eine Entspannungsübung zeigen:

Entspannungsübung

Atmen Sie etwas tiefer ein, als Sie das gewöhnlich tun.
Dann atmen Sie in e i n e r Bewegung wieder aus, ohne den
Atem nach dem Einatmen anzuhalten. Wenn Sie ausgeatmet
haben, halten Sie Ihren Atem für ca. 6-10 Sekunden an. Finden
Sie selbst heraus, welche Zeit für Sie am angenehmsten ist.
Zählen Sie in Gedanken von 1001 bis 1006 oder 1010.

Nachdem Sie den Atem angehalten haben, atmen Sie
wieder ein, atmen in einer Bewegung wieder aus, ohne den
Atem anzuhalten, und halten ihn dann weitere 6-10 Sekunden
an.

Wiederholen Sie diese Atemübung 2-3 Minuten bzw.
solange, bis Sie deutlich entspannt sind.

Der Vorteil dieser Atemübung ist, daß sie funktioniert,
ohne daß Sie lange üben müssen. Sie basiert auf der Basis, daß
Sie die Sauerstoffzufuhr künstlich reduzieren und es dem Kör-

per dadurch unmöglich machen, sich anzuspannen. Durch das Zählen verhindern Sie, daß Sie sich mit negativen Gedanken beschäftigen.

Sie können die Atemübung überall einsetzen, wo Sie sich entspannen wollen. Bei den ersten Malen empfiehlt es sich, sich zu setzen oder legen und die Augen zu schließen, später funktioniert sie auch im Stehen und mit offenen Augen.

6. Beginnen Sie mit der Atemübung.

Dann nehmen Sie sich die Liste Ihrer Ziele vor und beginnen Sie mit Vorstellungsübungen:

Stellen Sie sich hierbei lebendig vor, wie Sie all das ruhig, gelassen und erfolgreich tun, was Sie sich vornehmen.

Machen Sie diese Vorstellungsübungen möglichst 3 Mal täglich für 5-10 Minuten und verhalten Sie sich danach. Sie wissen, daß Sie nur zwischen 30 und 60 Tagen benötigen, um eine neue Gewohnheit zu entwickeln. Ist das zu lange, um dafür ein ganzes Leben lang zufrieden mit sich zu sein?

Nutzen Sie Wartezeiten im Autostau, an der Kasse, im Kaufhaus, beim Arztbesuch, etc. dazu aus, um Vorstellungsübungen zu machen. Es kann Ihnen niemand anmerken, was Sie denken. Vorstellungsübungen sind die positiven Formen des Grübelns. Sie beschäftigen sich geistig damit, was Sie in Zukunft erreichen wollen. (Grübeln hingegen bedeutet, sich damit zu beschäftigen was man nicht erreichen will.) Je häufiger Sie sich geistig vorstellen, Ihr Ziel zu erreichen, desto mehr kommt Ihr Glaube daran, das erreichen zu können, – und desto leichter fällt es Ihnen, die notwendigen Schritte hierfür zu tun.

7. Tun Sie Dinge, die Sie früher gerne getan haben – gegen Ihre Überzeugung, daß sie Ihnen jetzt absolut keinen Spaß machen werden.

Jede Tätigkeit ist besser, als depressiv zuhause zu sitzen und sich zu bedauern. Denken Sie daran, Sie wollen sich eine Freude machen.

69

Lenken Sie sich ab von Ihrem Selbstmitleid, es alleine ohne Partner oder Freunde tun zu müssen. Konzentrieren Sie sich auf die Tätigkeit, auf die Gesichter der anderen, auf die Veränderungen in der Umwelt oder auf Ihre Fortschritte. Es gibt so vieles, womit Sie sich gedanklich beschäftigen können – außer damit daß Sie alleine sind. Selbstmitleid schadet Ihnen nur und hilft Ihnen keinen Schritt aus Ihrer Einsamkeit heraus. Auch wenn Sie Dinge zusammen mit einem anderen tun, können Sie sich einsam und ausgeschlossen fühlen, weil der andere keine Freude daran hat, negativ darüber redet oder Ihnen überlegen erscheint.

Mit der Zeit sollten Sie sich dafür entscheiden, ein Wochenende oder eine ganze Woche bewußt alleine zu verbringen. Früher sahen Sie sich gezwungen, das Wochenende alleine verbringen zu müssen, heute entscheiden Sie sich freiwillig dafür. Das bewirkt einen riesigen Unterschied in den Gefühlen. Sie werden ihn deutlich erleben.

8. Machen Sie sich einen Plan für jeden Tag und vor allen Dingen auch für das Wochenende und die Feiertage.

Auf diese Weise können Sie sich freuen, weil Sie ein Ziel vor Augen haben. Außerdem wirkt es belohnend, etwas als erledigt von der Liste zu streichen.

9. Beschäftigen Sie sich täglich damit, sich etwas Gutes zu tun.

Konzentrieren Sie sich auf die positiven Dinge, die Ihnen widerfahren. Wenn Sie die Einstellung haben, Alleinsein muß zu Unglücklichsein führen, werden Sie auch nach Beweisen für Ihre Einstellung suchen. Sie können dann nichts positives entdecken. Es ist, als ob Sie eine Sonnenbrille aufsetzen und alles dunkel sehen. Setzen Sie Ihre Sonnenbrille ab, d. h. suchen Sie gezielt nach Beweisen dafür, daß Sie auch alleine Momente der Zufriedenheit erleben können. Suchen Sie in jeder Sekunde nach Dingen, die Sie genießen können. Ihre Bemühungen werden Sie verwandeln – in einen zufriedenen Menschen – zunächst nur für Augenblicke, später auch länger.

10. Beobachten Sie Ihre Gedanken, immer dann wenn Sie sich minderwertig und einsam fühlen.

Es ist sehr hilfreich, diese negativen abwertenden Gedanken zunächst einmal zu Papier zu bringen. Hierzu ist das ABC der Gefühle (s. Kap. 3) sehr gut geeignet. Gerade bei der Therapie von Depressionen, Einsamkeit und niedriger Selbstachtung hat sich die Methode, seine Gedanken zu analysieren, als sehr wirksam erwiesen.

Unter A beschreiben Sie die Situation z. B.:

A: Was passiert?
Ich gehe am Wochenende spazieren und sehe nur Paare.

Unter B notieren Sie Ihre Gedanken:
B: Was denke ich?
Alle Menschen haben einen Partner und sind glücklich. Nur ich bin ein totaler Versager.

Unter C notieren Sie Ihr Gefühl und Ihr Verhalten:
C: Wie fühle und verhalte ich mich?
Ich fühle mich niedergeschlagen und einsam; gehe nach Hause

An diesem ABC der Gefühle können Sie erkennen, daß Sie sich bei diesen Gedanken niedergeschlagen und unglücklich fühlen müssen. Sie greifen in Ihren Gedanken Ihre Person an und werten sie ab. Nun kommt der wichtigste Teil dieser Aufgabe. Das alleinige Aufschreiben Ihrer Gedanken bringt Ihnen noch keine Besserung. Im Gegenteil, wahrscheinlich fühlen Sie sich noch schlechter, weil Sie Ihre negative Meinung über sich auch noch dokumentiert sehen. Wir müssen noch einen Schritt weiter gehen und die Gedanken auf Ihre Richtig-

71

keit überprüfen. Wir haben in Kap. 3 davon gesprochen, daß unsere Gedanken zwar bestimmen, wie es uns geht, aber nicht unbedingt mit der Wirklichkeit übereinstimmen müssen. Wenn wir falsch denken, fühlen wir uns überflüssigerweise schlecht, seltener zu gut.

„Woher soll ich denn wissen, ob meine Gedanken richtig sind oder nicht?", werden Sie sich jetzt vielleicht fragen.

Es ist in der Tat schwierig zu entscheiden, ob die Gedanken richtig sind oder nicht. Normalerweise gehen wir ja davon aus, daß wir richtig denken, und sehen das in unseren Gefühlen scheinbar bestätigt. Wenn wir wissen wollen, ob unsere Gedanken richtig sind, dürfen wir aber auf keinen Fall auf unsere Gefühle achten. Wir kommen dann in einen Kreislauf falscher Schlußfolgerungen. Unsere Gefühle sind nur das Spiegelbild unserer Gedanken. Sie geben keine Auskunft über die Realität.

Ich möchte Ihnen eine andere Möglichkeit hierzu aufzeigen: die 3 Regeln für gesundes Denken.

Sie helfen Ihnen dabei, übertriebene und verzerrte Denkweisen zu entlarven.

Die 3 Regeln für gesundes Denken

1. Entspricht der Gedanke den Tatsachen?
2. Hilft mir der Gedanke, mich so zu fühlen, wie ich mich fühlen möchte?
3. Hilft mir der Gedanke, meine kurz- und langfristigen Ziele zu erreichen?

Wenn Sie alle 3 Fragen mit ja beantworten können, können Sie davon ausgehen, daß Ihre Gedanken hilfreich und gesund sind.

Beantworten Sie eine oder mehrere Fragen mit nein, sollten Sie den Gedanken korrigieren. Es ist dann nicht in Ihrem besten Interesse, so zu denken.

In unserem Beispiel würde das folgendermaßen aussehen:

1. Entspricht der Gedanke „Alle Menschen haben einen Partner und sind glücklich. Nur ich nicht. Ich bin ein totaler Versager" den Tatsachen?

   Nein. Ich weiß nicht, ob alle anderen Menschen glücklich sind, nur weil sie einen Partner haben. Das ist eine Annahme, die sehr unwahrscheinlich ist. Ich weiß nur, daß ich im Augenblick unglücklich bin. Ich lebe im Augenblick allein, aber deshalb bin ich noch lange kein Versager. Ich bin ein Mensch, der Stärken und Schwächen hat. Ein Charakteristikum von mir ist im Augenblick, allein zu sein.

2. Hilft mir der Gedanke, mich so zu fühlen, wie ich mich fühlen möchte?
   Nein, wenn ich so denke, fühle ich mich niedergeschlagen und mutlos.

3. Hilft mir der Gedanke, meine kurz- und langfristigen Ziele zu erreichen?
   Mein Ziel ist es, mich alleine wohl zu fühlen und Kontakte zu anderen Menschen zu finden. Wenn ich so denke, werde ich depressiv und habe Angst, daß andere Menschen mich auch als Versager ansehen. Ich ziehe mich immer mehr zurück.

Dieser Gedanke ist also ungesund. Hilfreich für mich ist zu denken:

Ich bin im Augenblick allein und bin bereit, das zu akzeptieren. Ich bin liebenswert und in Ordnung. Ich kann mich darin üben, Kontakte zu knüpfen. Aber eine Partnerschaft ist keine Garantie für das Glücklichsein. Ich selbst kann mich nur glücklich machen.

73

11. Im folgenden finden Sie charakteristische Einstellungen einsamer Menschen. Lesen Sie sich diese durch und kreuzen Sie die auf Sie zutreffenden an.

Ich habe jede Einstellung mit den 3 Regeln für gesundes Denken überprüft und mache Ihnen einen Vorschlag, wie die gesunde realistische Denkweise aussehen kann.

„Ich werde für immer einsam sein und niemals einen Partner finden."

Wenn ich so denke, werde ich unglücklich sein und tatsächlich niemals einen Partner finden. Ich werde allen Menschen mit Mißtrauen begegnen, mich überhaupt aus dem Leben zurückziehen oder mir sogar das Leben nehmen.

Hilfreich für mich ist zu denken:

Ich habe genau wie jeder andere Mensch die Möglichkeit, einen Partner zu finden. Es hängt von mir ab, ob ich auf andere Menschen zugehe oder nicht. Ich kann mir Freunde suchen und lernen, mir selbst einen Sinn im Leben zu geben.

„Ich kann nicht ohne einen Partner leben. Es ist schrecklich, allein zu sein."

Wenn ich so denke, werde ich depressiv und bedaure mich selbst. Wenn ich einen Partner finde, werde ich mich an ihn klammern und alles tun, um ihn nicht mehr zu verlieren.

Hilfreich für mich ist zu denken:

Ich habe mir bewiesen, daß ich alleine leben kann. Ich wurde alleine geboren und habe einen Teil meines Lebens alleine gelebt. Mit einem Partner zu leben, wird manchmal schöner und manchmal schwieriger sein, weil man Kompromisse eingehen muß. Das Alleinsein ist nicht schrecklich, ich sehe es nur als schrecklich an. Ich werde jetzt all die Dinge tun, die ich auch mit dem Partner tun würde, dann wird mir das Alleinsein auch mehr Freude machen.

,,Mit mir stimmt etwas nicht. Alle Beziehungen brechen immer ab''

Wenn ich so denke, fühle ich mich minderwertig und werde depressiv.

Hilfreich für mich ist zu denken:

Wenn eine Beziehung endet, sind immer beide Partner beteiligt. Es kann sein, daß der Partner Erwartungen hatte, die ich nicht erfüllen kann oder möchte. Es kann sein, daß der andere Angst vor Nähe hat und keine feste Beziehung eingehen möchte. Ich habe keinen Grund, an mir zu zweifeln, wenn mein Partner mich verläßt.

,,Ich bin ein totaler Versager''

Wenn ich so denke, verachte ich mich selbst.

Hilfreich für mich ist zu denken:

Das stimmt nicht. Ich bin in einigen Dingen erfolgreich und in anderen nicht. Jeder Mensch hat Stärken und Schwächen.

,,Ich kann mein Leben nicht mehr ertragen''

Wenn ich so denke, bin ich unglücklich und denke vielleicht an Selbstmord.

Hilfreich für mich ist zu denken:

Ich kann mein Leben ertragen, wenn ich es möchte, auch wenn es im Augenblick nicht sehr angenehm ist. Ich kann mich entscheiden, es zu verändern. Ich kann Aktivitäten entwickeln und das tun, was mir Spaß macht - auch alleine.

,,Alle anderen haben einen Partner und sind glücklich''

Wenn ich so denke, fühle ich mich verzweifelt und nicht liebenswert.

Hilfreich für mich ist zu denken:

Das ist übertrieben. Jede 3. Ehe in der BRD wird heutzutage geschieden. Ferner gibt es Menschen, die sich bewußt dazu

75

entschieden haben, alleine zu leben, Menschen, deren Partner verstorben ist, und solche, die noch einen Partner suchen. Eine Partnerschaft ist außerdem keine Garantie dafür, glücklich zu sein. Es gibt Partnerschaften, die nur noch aus Gewohnheit, wegen der Kinder, finanzieller Aspekte oder aus Angst vor dem Alleinsein aufrechterhalten werden.

„Ich kann erst wirklich glücklich sein, wenn ich einen Partner habe, der mich liebt"

Wenn ich so denke, werde ich mich als nicht liebenswert ansehen und mich depressiv fühlen. Ich gebe anderen Menschen die Macht, über meine Gefühle zu bestimmen. Ich werde verzweifelt nach einem Partner suchen und erst glücklich sein, wenn ich einen gefunden habe. Wahrscheinlich wird mein Partner spüren, daß ich ihn brauche, und sich von mir geklammert fühlen.

Hilfreich für mich ist zu denken:

Es ist schön, einen Partner zu haben, der einen liebt, aber es ist keine absolute Notwendigkeit. Ich brauche keinen Partner, um glücklich zu sein. Ich kann lernen, mich selbst zu akzeptieren, und all die Dinge tun, die mir Spaß bringen können.

„Allein sein, heißt, abnormal sein"

Wenn ich so denke, fühle ich mich schlecht. Ich werde versuchen, meinen „Makel", alleine zu sein, zu verstecken. Entweder ziehe ich mich von anderen zurück oder ich verhalte mich so ablehnend, daß mir keiner zu nahe kommt.

Hilfreich für mich ist zu denken:

Allein sein, hat nichts mit Abnormalität zu tun. Ich lebe im Augenblick allein. Alleine zu sein, ist nur ein einziges von vielen Merkmalen, die ich besitze.

Ihre selbstschädigenden Gedanken sind der Schlüssel zu Ihrer Einsamkeit und negativen Selbstachtung. Sie können Ihre Einsamkeit und negative Selbstachtung überwinden, wenn

Sie gesunde hilfreiche Einstellungen entwickeln. Machen Sie sich Ihre Einstellungen bewußt und lernen Sie, diese positiv zu verändern. Ihre Gefühle werden sich als Folge davon auch positiv verändern.

Teil III
Beziehungen zu anderen knüpfen

Viele einsame Menschen beschäftigen sich den überwiegenden Teil der Zeit damit, sich Gedanken darüber zu machen, warum sie bei anderen nicht ankommen. Sie suchen die Ursache in ihrem unattraktiven Aussehen, nichtssagender Persönlichkeit, mangelnder Intelligenz oder fehlendem beruflichen Erfolg.

Die Befähigung zum sozialen Kontakt ist unbedingt erforderlich für ein zufriedenes Alleinleben. Nur wer zurecht das Gefühl hat, daß er jederzeit mit anderen Menschen zusammentreffen kann, sofern ihm danach verlangt, ist einigermaßen sicher vor Einsamkeit und Depressionen.

Im Teil III dieses Buches werden wir uns deshalb damit beschäftigen, wie Sie für andere attraktiv werden können.

Grundvoraussetzung hierfür ist, daß Sie sich selbst für attraktiv halten und sich mögen. Sie müssen den Glauben haben, anderen etwas geben zu können, und es auch tun.

Falls Ihnen dabei große Zweifel kommen, sollten Sie sich zunächst noch eine Zeitlang mit den Übungen aus Teil II befassen.

Kapitel 7

_____

Wie mache ich mich attraktiv?

Aussehen

Auch wenn es zunächst im Widerspruch zu dem steht, was
ich bis jetzt gesagt habe, wollen wir uns nun mit Ihrem äußeren
Erscheinungsbild (Kleidung, Frisur, Make up) befassen. Ihr
äußeres Erscheinungsbild kann Ihnen zwar keine dauerhafte
Beziehung zu anderen verschaffen, aber doch eine anfängliche
Kontaktaufnahme erleichtern oder verscherzen.

Der erste Eindruck, den wir von einem anderen Menschen
bekommen, geht meist auf die äußere Erscheinung zurück. Wie
ist der andere gekleidet? Altmodisch? Supermodern? Stilvoll?
Schlampig? Protzig? Nachlässig? Als graue Maus?

Auch wenn ich es persönlich ablehne, ständig den gängigen
Modetrends hinterherzulaufen, muß ich gestehen, daß auch ich
in meine erste Beurteilung das Aussehen des anderen mit-
einbeziehe. Viele Menschen kleiden sich unauffällig, weil sie
dann nicht Gefahr laufen, beachtet und möglicherweise abgelehnt zu werden. Sie wollen lieber gar nicht beachtet werden,
als das Risiko einzugehen, abgelehnt zu werden. Andere
wiederum haben Angst vor der Sexualität. Für sie ist gut ge-

kleidet gleichbedeutend mit, stolz auf seinen Körper zu sein und auffordernd zu wirken.

Stellen Sie sich nun einmal zuhause vor Ihren größten Spiegel und lassen Sie Ihre Kleidung auf sich wirken. Würden Sie sich im Augenblick in sich selbst verlieben können? Erleben Sie sich als anziehend und interessant? Überlegen Sie einmal:

Sie haben zum Ziel, durch Ihre Kleidung Sicherheit und Selbstachtung zu signalisieren. Sie möchten, daß andere Sie positiv wahrnehmen und sich wohlfühlen in Ihrer Gegenwart. Sie möchten sich selbst auch wohlfühlen in Ihrer Gegenwart. Gelingt Ihnen das mit Ihrer jetzigen Kleidung und Frisur? Ihr Gegenüber soll mit Ihrem Aussehen die Botschaft erhalten: *Ich bin liebenswert. Ich mag mich. Du wirst mich auch mögen.*

An Ihrer körperlichen Grundausstattung können Sie nichts verändern aber an der Verpackung. Ihre Verpackung soll Ihre Einzigartigkeit unterstreichen und anderen nicht erschweren, Ihren Wert zu erkennen. Die Kleidung kann Ihre persönliche Ausstrahlung betonen. Das, was Sie ausstrahlen, wird beim anderen ankommen. Wenn Sie gepflegt aussehen, können sie sich auch eher gut fühlen. Legen Sie sich eine neue Frisur zu. Gehen Sie zur Kosmetikerin. Kleiden Sie sich neu ein oder probieren Sie neue Kombinationen mit Ihrer alten Kleidung aus. Sie wollen so wirken, als ob es ein Vergnügen ist, mit Ihnen zusammen zu sein. Keine Angst, Sie können Ihr Versprechen schon halten. Wir sind noch nicht am Ende des Buches.

Wenn Sie sich unsicher sind, wie Sie sich kleiden sollen, nehmen Sie eine Frauenzeitschrift oder ein Herrenmagazin zuhilfe.

Achten Sie auf die Kleidung von Menschen, die bei anderen ankommen. Sie können auch in ein gutes Bekleidungshaus gehen und sich dort beraten lassen. Es gibt nicht d i e todsichere Kleidung, um beim anderen anzukommen. Sicher gibt es jedoch Farben und Schnitte, die Sie positiv erscheinen lassen. Inwieweit der andere gerade Ihren Stil gut findet, bleibt ihm überlassen. Sie können nur alles tun, um die Chancen zu erhöhen, anzukommen.

Wenn Sie sich so zurecht gemacht das erste Mal sehen, werden Sie sich „herausgeputzt" und lächerlich vorkommen. Ihr Äußeres ist jedoch lediglich ungewohnt. Sie wurden nicht mit einem auf Sie speziell zugeschnittenen Kleidungsstil geboren, sondern dazu erzogen.

Vielleicht werden Sie nun den Einwand haben: „Wenn der andere mich nicht so will, wie ich wirklich bin, verzichte ich freiwillig" oder „Ich will doch nicht zum Sexobjekt werden".
Nun, ich gebe Ihnen recht, daß das Äußere nur ein ganz winziges Teilchen Ihrer Persönlichkeit darstellt. Aber waren es nicht gerade Sie, der betont hat, unattraktiv und häßlich zu sein? Waren Sie es nicht, der sich wegen seines Äußeren abgelehnt hat? Es geht nicht ums „Herausputzen", sondern darum, dem anderen zu signalisieren, daß man auch sein Äußeres beachtet. Beobachten Sie sich einmal selbst, wenn Sie sich Ihren Traumpartner in der Phantasie vorstellen. Sicher ist er auch äußerlich attraktiv und sorgfältig gekleidet.

Experimentieren Sie mit neuen Kleidern, Farben, Schnitten, ect. Machen Sie sich flexibel. Sie haben nicht die angeborene Identität, sondern die Fähigkeit, eine Unmenge verschiedener Rollen anzunehmen.
Tragen Sie die Kleidung zunächst in der Wohnung, um sich mit der neuen Rolle vertraut zu machen.
Lassen Sie uns nicht bei der „Kostümierung" stehenbleiben. Gehen wir weiter zu den non-verbalen Körpersignalen, die jeder Mensch automatisch in jeder Minute abschickt. Zu den nonverbalen Signalen zählen:
Blickkontakt
Mimik und Gestik
Körperhaltung

Blickkontakt

Nehmen Sie wieder Ihren Spiegel zur Hand und schauen Sie sich in die Augen, so wie Sie es bei der Übung aus Kapitel 6 getan haben. Was erzählen Ihnen Ihre Augen? Können Sie schon zulassen, sich anzuschauen und sich dabei gut zu fühlen? Andernfalls brauchen Sie noch Training: täglich in die Augen schauen und sich sagen: „ .... "(Ihr Vorname), ich mag dich, wie du bist".

Solange Sie Ihren eigenen Blicken ausweichen müssen, werden Sie es auch vermeiden, anderen in die Augen zu schauen oder sich in die Augen schauen zu lassen. Und der Blickkontakt zu anderen Menschen ist sehr wichtig. Dadurch daß Sie einem anderen Menschen in die Augen schauen, signalisieren Sie Offenheit und Interesse an ihm. Sie schaffen dadurch eine Nähe zu ihm und überwinden Ihre Isolation.

Sie können Ihrem Gegenüber durch einen Blick in die Augen mitteilen, daß Sie bereit sind, ihn kennenzulernen.

Sie müssen den anderen dabei nicht stundenlang anstarren oder ihm verliebt in die Augen schauen. Es genügt, wenn Sie ihm kurz in die Augen schauen und bei einer Unterhaltung (aber so weit sind wir ja noch nicht) einen Punkt über dem Hinterkopf fixieren. Zunächst ist es Ihr Ziel, Blickkontakt zu üben. Machen Sie einen Spaziergang in der Fußgängerzone oder Haupteinkaufsstraße Ihrer Stadt. Schauen Sie dabei den entgegenkommenden Menschen in die Augen. Studieren Sie deren Gesichter. Es wird Sie erstaunen, wie viele unglückliche, mürrische und sorgenfaltige Gesichter Ihnen begegnen werden. Keine Angst, nicht alle werden denken, Sie wollten etwas von ihnen. Und wenn schon, Sie wissen, daß Sie lediglich üben wollen, Blickkontakt aufzunehmen.

Achtung: Falls einige Menschen wegschauen oder ihr Gesicht verziehen, wenn Sie sie anschauen, bedeutet das nicht, daß Sie unattraktiv sind. Wir wissen nicht, was die anderen bei Ihrem Blick gedacht haben. Vielleicht haben diese Sie gar nicht wahrgenommen oder Ihren Blick falsch interpretiert. Vielleicht sind sie auch nur schüchtern und verlegen. Bleiben Sie dabei, Blickkontakt üben zu wollen. Es kann nicht Ihr Ziel sein, den anderen zu manipulieren und ihn von Ihrem Wert zu überzeugen. Das kann dieser nur alleine tun.

Üben Sie solange, Blickkontakt aufzunehmen, bis Sie sich dabei wohl fühlen und es als „normal" ansehen. Am besten nehmen Sie sich vor, täglich mit 5 Menschen Blickkontakt aufzunehmen.

Mimik

Schauen Sie sich wiederum im Spiegel an und achten Sie auf Ihre Mimik. Wirken Sie verkrampft? Runzeln Sie die Stirn? Sind die Mundwinkel herabgezogen? Sind die Lippen zusammengekniffen? Sind die Augenbrauen hochgezogen? Dann spannen Sie zunächst erst einmal alle Gesichtsmuskeln kräftig an und lassen dann locker. So fühlt es sich an, wenn Sie entspannt sind. Nun beginnen Sie mit Ihren Gesichtsmuskeln zu spielen.

Als erstes ziehen Sie die Augenbrauen hoch, so weit es geht, dann senken Sie die Augenbrauen, so weit es geht. Machen Sie die Übung mehrmals.

Als zweites reißen Sie die Augen auf, dann pressen Sie die Augen fest zusammen. Wiederholen Sie diese Übung mehrmals.

Als drittes nehmen Sie sich Ihre Mundpartie vor. Sagen Sie laut: „Ich", dann „Du", um verschiedene Muskelgruppen zu beleben. Drücken Sie nun verschiedene Gefühlszustände wie Trauer, Angst, Ruhe und Freude aus. Stellen Sie sich vor, Sie seien ein Schauspieler, der eine neue Rolle einstudiert. Die Rolle heißt: einen erfolgreichen, selbstsicheren und zuversichtlichen Menschen zu spielen.

Arbeiten Sie gegen Ihr Gefühl, daß das alles albern sei und Sie eben ein Mensch seien, der eher ernst ist.

Menschen, die einsam und schüchtern sind, neigen dazu, ihre Gesichtsmuskeln zu vernachlässigen. Und Muskeln, die nicht benutzt werden, erschlaffen. Einsamkeit führt zu einem starren Gesicht, welches nicht reagieren kann, selbst wenn es der Besitzer möchte. Sie können Ihre Muskulatur wieder in Betrieb nehmen. Üben Sie vor dem Spiegel, sich anzulächeln - nicht auszulachen. Dann nehmen Sie sich wieder einen Nachmittag Zeit, an dem Sie es sich zum Ziel setzen, andere Menschen anzulächeln.

Lächeln wird Sie selbst und viele andere in eine positive Stimmung versetzen.

Ein Lächeln fühlt sich einfach besser an als ein verkrampftes Gesicht. Zu Beginn des Übens wird Ihr Gesicht zwar noch ein bißchen verkrampft wirken, aber das wird sich mit zunehmender Übung geben. Keine Angst, andere werden Sie nicht als „Schauspieler" entlarven. Viele Menschen werden sich über Ihr Lächeln freuen und zurücklächeln.

Beginnen Sie zunächst damit, kleine Kinder und alte Menschen anzulächeln. Das ist für die meisten Menschen einfacher, da sie dabei nicht den Gedanken haben, „den anderen anzumachen".

Vorsicht, Ihr Ziel ist es nicht, bei dem anderen eine bestimmte Reaktion auszulösen. Wenn der andere nicht zurücklächelt, kann das viele Gründe haben. Es könnte sein, daß er in Gedanken ist, sich gerade geärgert hat, genauso unsicher wie Sie ist, glaubt, das Lächeln gelte jemand anderem, Ihr Lächeln als Auslachen deutet. Denken Sie sich: „Ich bin froh, meine Übung gemacht zu haben. Ich fühle mich wohler, wenn ich lächle. Das ist die Hauptsache. Schade, daß er mein Lächeln nicht annehmen kann."

Machen Sie es sich zur Gewohnheit, täglich 5 Menschen anzulächeln.

Körperhaltung

Schauen Sie sich wiederum im Spiegel an und achten Sie dabei auf Ihre Körperhaltung. Ist der Kopf nach vorne gebeugt? Hängen die Schultern herunter? Machen Sie ein Hohlkreuz? Haben Sie die Hände in den Taschen oder sind die Hände vor der Brust gekreuzt?

Dann signalisieren Sie durch Ihre Körperhaltung: ,,Ich bin unwichtig. Bitte, bitte tut mir nichts. Laßt mich alleine". Sie zeigen sozusagen eine Demuts- oder Abwehrhaltung. Um sich selbst Achtung zu zeigen, brauchen Sie eine aufrechte Haltung. Der Kopf sollte von einem aufrechten Hals getragen werden, die Schultern zurückgezogen und die Brust herausgestreckt werden.

Versuchen Sie, sich einmal so hinzustellen. Kommen Sie sich arrogant oder hochnäsig vor? Dann hat Ihre alte Gewohnheit wieder einmal zugeschlagen. Unsere Haltung lernen wir ganz früh in der Kindheit. Wenn sie erst einmal automatisch geworden ist, dann gibt uns unser Körper nur noch Signal, wenn wir uns entgegengesetzt unserer gewohnten Körperhaltung verhalten. So z. B. wenn wir uns angewöhnen wollen, auf der entgegengesetzten Körperseite einzuschlafen. Unser Körper sagt uns dann zunächst, daß wir so einfach nicht einschlafen können.

Unsere Körperhaltung ist ein direkter Spiegel unserer seelischen Verfassung. Fühlen wir uns bedroht, so gehen wir entweder zum Angriff über und die Haltung wird aufrechter und die Stimme lauter werden. Oder aber wir ziehen uns zurück, und dabei werden wir den Kopf senken und die Stimme wird leiser werden oder verstummen.

Wenn Sie auf andere Menschen interessant und anziehend wirken wollen, benötigen Sie eine aufrechte Haltung.

Nur Menschen, die selbst unsicher sind, werden Sie als arrogant empfinden.

Üben Sie zunächst vor dem Spiegel, sich anders zu halten. Ihre Arme sollten dabei ruhig herunterhängen. Vielen Menschen fällt bei dieser Übung erst auf, wie lang menschliche Arme sind, wenn man sie einfach hängenläßt. Dann erproben Sie Ihre neue Haltung wieder auf der Straße. Sie können dabei Ihr Spiegelbild in den Schaufensterscheiben zuhilfe nehmen.

In dem Moment, wo Sie glauben, eine bequeme Haltung zu haben, sind Sie wahrscheinlich wieder in die alte Haltung verfallen. Bequemlichkeit kann erst mit der Zeit aufkommen (30-60 Tage).

Nehmen Sie auch die Atemübung zuhilfe, mit der Sie sich entspannen können (s. Kap. 6).

Genauso wie Sie geübt haben, sich beim Gehen aufrecht zu halten, sollten Sie zuhause vor dem Spiegel das Sitzen üben. Beobachten Sie Ihre Arme, Hände, Beine. Die Hände sollten entspannt in Ihrem Schoß liegen, die Beine ruhig nebeneinander gestellt auf die Person gerichtet sein, mit der Sie sich später einmal unterhalten wollen. Das ist natürlich nur eine Ausgangsstellung. Sie sollen ja nicht steif wie ein Mauerblümchen herumsitzen. Machen Sie sich bewußter dafür, wie andere Menschen sich halten und was positiv auf Sie wirkt. Dann ahmen Sie es nach.

Um das hier Gesagte noch einmal zu verdeutlichen, schlage ich Ihnen folgende Übung vor:

Laufen Sie 5 Minuten durchs Zimmer, indem Sie Kopf und Schultern hängenlassen, die Gesichtsmuskeln anspannen, den Blick auf den Boden senken und sich sagen: „Ich bin unattraktiv und unwichtig. Ich verdiene nicht, beachtet zu werden".

Dann laufen Sie 5 Minuten lang durchs Zimmer, indem Sie Kopf und Schultern aufrecht tragen, die Gesichtsmuskeln entspannen, den Blick interessiert in die Umwelt lenken und sich sagen: „Ich bin liebenswert und verdiene es, beachtet zu werden".

Spüren Sie den Unterschied in Ihren Gefühlen? So wie Sie den Unterschied im Körper verspüren, wird ihn auch die Umgebung verspüren. Sie benötigen zunächst eine neue Einstellung zu sich selbst und ein neues Verhalten, um sich anders zu fühlen. Wenn Sie sich anders fühlen, werden Sie auch für andere Menschen attraktiver. Diese werden sich dann wohl fühlen in Ihrer Nähe.

Positives Denken

Neben Ihrem äußeren positiven Erscheinungsbild ist es für Ihre Attraktivität vor allem wichtig, daß Sie positiv über sich denken. Der Weg aus der Einsamkeit setzt sich also aus 2 Bausteinen zusammen:

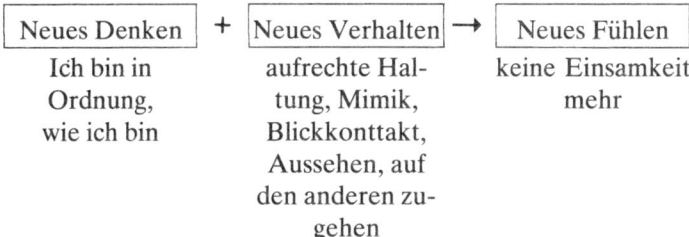

Neues Denken	+	Neues Verhalten	→	Neues Fühlen
Ich bin in Ordnung, wie ich bin		aufrechte Haltung, Mimik, Blickkonttakt, Aussehen, auf den anderen zugehen		keine Einsamkeit mehr

Die Botschaften, die wir uns geben, haben einen ungeheuren Einfluß darauf, wie attraktiv wir uns fühlen und welche Ausstrahlung wir haben. Es ist in Ordnung, zufrieden mit sich und stolz auf sich zu sein. Das hat nichts mit egozentrischem oder narzisstischem Verhalten zu tun. Wir brauchen nicht permanent davon zu reden, welche tollen Hechte wir sind und wie gering sich die anderen dagegen ausnehmen. Stolz auf sich selbst zu sein, kann ein stilles Ereignis sein.

Sagen Sie im stillen nette Dinge über sich
und Ihr Auftreten.

Und kommen Sie mir nicht damit, daß an Ihnen nichts Schönes zu finden sei. Jeder Mensch ist einzigartig. Es hat noch nie einen Menschen so wie Sie gegeben. Und es wird niemals mehr jemanden geben, der genau so wie Sie sein wird. In der Antiquitäten- oder Schmuckbranche würde man jeden Einzelnen von uns als Unikat beschreiben. Man könnte jeden von uns in einem Glaskasten im Museum aufbewahren als Ausdruck seiner Einzigartigkeit. Es hat Jahrhunderte gedauert, bis Sie so entstehen konnten, wie Sie heute sind.

Malen Sie Ihren Körper in Form eines Strichmännchens mit allen Körperteilen auf ein Blatt Papier. Dann beginnen Sie, die einzelnen Körperteile zu bewerten. Ihnen stehen die Kategorien „Ich mag sehr" und „Ich bin bereit zu akzeptieren" zur Verfügung. Kein Körper ist vollkommen gut oder vollkommen schlecht. Es ist richtig, daß Menschen, die dem gängigen Schönheitsideal entsprechen, es leichter haben, Kontakte zu finden. Aber die langfristig erfolgreiche Beziehung kann nicht auf Schönheit bauen. Schon allein von der Natur aus sind wir Menschen so angelegt, daß die äußere Schönheit zwangsläufig mit dem Alter verschwindet. Wir bekommen Falten, graue Haare, Bäuche, Zahnlücken, etc. Für die Menschen, die nur auf das Schönheitsideal schauen, sind Sie möglicherweise uninteressant. Ich würde dazu sagen „Gott sei Dank", denn mit solch einem Partner müßten Sie mit jedem grauen Haar mehr auf dem Kopf mehr Panik bekommen, daß er Sie verläßt. Selbst aus den Klatschblättern können Sie entnehmen, daß Schönheit nicht unbedingt eine Garantiekarte für eine erfolgreiche, zufriedene Partnerschaft und schon gar nicht für persönliche Zufriedenheit ist. Es vergeht keine Woche, in der nicht eine Prominente oder ein Prominenter sich scheiden lassen. Auch Selbstmordversuche und Alkoholabhängigkeit sind an der Tagesordnung.

Kehren wir zurück zu der Einstellung zu Ihrem Körper. Wenn Sie Menschen auf der Straße bewußt beobachten, werden Sie „durchschnittlichen" Menschen begegnen – nicht lauter Miss Universum's, oder? Gleichgültig welche körperlichen „Mängel" Sie sich diagnostizieren, Sie haben die Entscheidung darüber, sich dennoch zu achten. Wenn Sie Selbstachtung haben, werden Sie trotz allem anziehend auf andere wirken, und wenn nicht, wird keine Steigerung der körperlichen Attraktivität Sie gut fühlen lassen.

Machen Sie folgende Vorstellungsübung möglichst drei Mal täglich: Sagen Sie sich laut: „Ich bin liebenswert, so wie ich bin. Andere Menschen fühlen sich wohl in meiner Nähe", und stellen Sie sich vor, daß andere Menschen Sie bewundern und gerne mit Ihnen zusammen sind. Das ist Ihr Ziel und um es zu erreichen, müssen Sie es sich zunächst geistig vorstellen können. Sie müssen sich zunächst geistig den Glauben schaffen, daß es so ist. Dann wird sich die Veränderung auch in der Realität vollziehen.

Denkanstoß

Stellen Sie sich einmal vor, Sie gehen auf den Wochenmarkt, um Äpfel einzukaufen. Sie gehen an den Ständen mit den unterschiedlichsten Apfelsorten vorbei. Da gibt es große rote, kleine rote, gelbe, grüne, runzlige, runde, eher längliche, süße, saure, saftige, mehlige, Äpfel zum Backen, für Apfelsaft, zum Essen, etc.

An einem Stand bleiben Sie stehen und eine andere Marktbesucherin sagt zu Ihnen: „Die müssen Sie nehmen, das sind absolut die besten. Wenn Sie die essen, können Sie alle anderen Sorten vergessen". Sie lassen sich überreden und kaufen neben Ihrer Lieblingssorte 1 Pfund dieser Sorte. Zu Hause angekommen beißen Sie voller Erwartung in einen Apfel dieser neuen Sorte – und Sie sind enttäuscht und um eine Erfahrung reicher. Sie haben erfahren, daß es nicht d e n einen absolut besten Apfel gibt. Welcher Apfel der eigene Favorit wird, hängt von den eigenen Wünschen und Vorlieben ab. Sie können immer nur sagen: *Mir* schmeckt diese Apfelsorte am besten. Das sagt weder etwas über die Qualität dieser Sorte aus, noch über die Qualität der anderen Sorten.

Sie können lediglich sagen: Jede Apfelsorte hat ihre eigenen Qualitäten, einen eigenen Geruch, Geschmack, Farbe, Reifezeit, usw. Und je nachdem, was ich von einem Apfel erwarte, schmeckt mir die eine oder andere Sorte besser.

Und genauso sieht es bei den Menschen aus:

Jeder Mensch hat seine eigenen individuellen Qualitäten und Eigenheiten. Welche Menschen Sie anziehend oder uninteressant empfinden, hängt von Ihren Erwartungen ab. Ihre Sympathie oder Antipathie anderen Menschen gegenüber sagt etwas über Sie aus und n i c h t über die anderen Menschen.

Wenn ein anderer Ihre Person anziehend findet, sagt das etwas über seinen Geschmack aus - nicht über Sie.

Und wenn ein anderer Sie ablehnt, sagt das nichts über Ihren Wert aus - sondern nur darüber, welche Vorlieben und Wünsche er hat und glaubt, nicht von Ihnen erfüllt zu bekommen.

Kapitel 8

Wie nehme ich Kontakt zu anderen Menschen auf?

Die ersten Schritte aus Ihrer Höhle heraus haben Sie schon hinter sich gebracht. Sie haben gelernt, durch Ihre Kleidung und Körperhaltung Positives zu signalisieren, Blickkontakt aufzunehmen und fremde Menschen anzulächeln. Sofern der andere nicht von sich aus ein Gespräch beginnt, benötigen Sie jetzt noch die Fähigkeit, ein Gespräch zu beginnen.

Ich höre jetzt schon einen tonnenschweren Einwand auf mich zukommen: „Das kann ich einfach nicht".

Zunächst möchte ich richtigstellen: Sie meinen nicht „Ich kann nicht", sondern „Ich möchte nicht", oder „Ich kann mir nicht vorstellen". Das klingt nach Wortklauberei, aber es ist keine. Wenn Sie sich sagen: „Ich kann nicht", und in Wirklichkeit meinen „Ich will nicht", belügen Sie sich selbst. Und nicht nur das. Da jeder Gedanke auch ein Gefühl in Ihnen erzeugt, erzeugen Sie sich irrtümlicherweise ein Gefühl des Unvermögens. Korrigieren Sie deshalb Ihren Einwand und sagen Sie sich: „Ich bin es nicht gewohnt, ein Gespräch zu beginnen" oder „Ich habe Angst, ein Gespräch zu beginnen". Hört sich das nicht nach mehr Hoffnung an?

Wenn Sie sich sagen: ,,Ich habe Angst oder ich bin es nicht gewöhnt, ein Gespräch zu beginnen'', dann können Sie etwas dafür tun, um sich umzugewöhnen und Ihre Angst abzubauen. Und das wollen wir jetzt zusammen tun.

Die Angst vor Ablehnung

Kommen Ihnen bei dem Gedanken, ein Gespräch zu beginnen, Befürchtungen in den Sinn wie: ,,Ich werde bestimmt rot werden und keinen Ton herausbringen'', ,,Man wird mich für einen Trottel halten'', ,,Er/sie wird mir einen Korb geben'', ,,Andere werden über mich lachen, wenn ich abblitze'', ,,Bestimmt werde ich wieder abgelehnt. Das kann ich nicht ertragen''. Dann werden Sie mit Sicherheit kein Gespräch mit einem attraktiven Gegenüber beginnen. Sie werden stattdessen Angst und Anspannung bekommen und diese werden Sie daran hindern, das Risiko einer Ablehnung einzugehen. Bei diesen Gedanken müssen Sie zwangsläufig Angst bekommen. Ob die Angst tatsächlich notwendig ist, wollen wir nun überprüfen. Erinnern Sie sich noch an das ABC der Gefühle?

A   Was passiert?
    Ich sehe einen Menschen.

B   Was denke ich?
    Der ist sympathisch und ich würde ihn gerne kennenlernen. Aber bestimmt werde ich abgelehnt. Das wäre furchtbar. Das bedeutet, ich bin ein totaler Versager.

C   Wie fühle und verhalte ich mich?
    Ich fühle mich ängstlich und angespannt und spreche den anderen nicht an.

Angst entsteht immer dann, wenn wir sagen: „Was ist, wenn ... passiert? Das wäre schrecklich". Überprüfen Sie also Ihren Katastrophengedanken, indem Sie fragen: „Woher weiß ich, daß ... passiert? Wenn es tatsächlich passiert, wäre es so schrecklich? Wäre ich in Lebensgefahr? Was könnte ich gewinnen, wenn ich es trotzdem wage?"

Machen Sie eine Gewinn/Verlustrechnung auf. Ihre Angst ist die logische Folge Ihrer Gedanken, aber nicht unbedingt der Situation. Angst ist dann lebensnotwendig, wenn wir tatsächlich in Lebensgefahr sind. Falls das, was wir befürchten, unwahrscheinlich ist und uns auch nicht in Lebensgefahr bringt, ist die Angst sinnlos und schädlich. Ist das, was wir befürchten, unwahrscheinlich, aber würde uns in Lebensgefahr bringen, ist es unsere ganz persönliche Entscheidung, ob wir das Risiko eingehen. Wollen wir entscheiden, ob unsere Gedanken und damit unsere Gefühle hilfreich für uns sind, nehmen wir die 3 Regeln für gesundes Denken zur Hand:

1. Entspricht der Gedanke „Bestimmt werde ich abgelehnt. Das wäre furchtbar. Das bedeutet, ich bin ein totaler Versager" den Tatsachen?

   „Nein. Ich weiß nicht, ob der andere mich ablehnen wird oder nicht. Das ist nur eine Annahme von mir. Selbst wenn er mich ablehnen würde, ist das nur seine persönliche Meinung in diesem Augenblick über mich. Das sagt nichts über meinen Wert aus, sondern etwas über die Vorlieben, die der andere hat. Ich kann damit leben, daß andere mich ablehnen. Es ist nicht möglich, von allen gemocht zu werden".

2. Hilft mir der Gedanke, mich so zu fühlen, wie ich mich fühlen möchte?

   „Nein, wenn ich so denke, werde ich ängstlich und angespannt".

93

3. Hilft mir der Gedanke, meine kurz- und langfristigen
Ziele zu erreichen?

„Mein Ziel ist es, meine Einsamkeit zu überwinden und
neue Menschen kennenzulernen. Wenn ich so denke, bleibe ich
allein oder muß warten, bis mich jemand anspricht".

Dieser Gedanke ist also nicht hilfreich und Sie sollten ihn
verändern:
Hilfreich für mich ist zu denken:
„Ich möchte gern mit diesem Menschen in Kontakt kommen. Deshalb spreche ich ihn an. Das schlimmste, was passieren kann, ist, daß er sich nicht für mich interessiert. Schade
für ihn, ich hätte ihm viel Positives geben können. Ich bin
liebenswert und in Ordnung".

Schauen wir uns eine weitere häufig verbreitete Befürch-
tung unter einsamen Menschen an. Kommen Ihnen im Verlauf
eines Gesprächs folgende Gedanken?
„Ich sollte keine Angst während des Gesprächs haben. Er/
sie darf auf keinen Fall sehen, daß ich unsicher bin. Es darf keine Gesprächspause entstehen. Ich muß möglichst kluge Dinge
sagen".
Dann werden Sie sich in diesem Gespräch sicher nicht vollkommen auf Ihr Gegenüber konzentrieren können. Sie werden
angespannt und unkonzentriert sein und ungeschickte Kommentare von sich geben. Analysieren wir diesen Gedanken wieder mit dem ABC der Gefühle.

A   Was passiert?
Ich unterhalte mich mit einer Person.

B   Was denke ich?
Ich muß ein guter Gesprächspartner sein und darf nichts
Falsches sagen. Der andere muß einen guten Eindruck von
mir bekommen.

94

C   Wie fühle und verhalte ich mich?
    Ich fühle mich angespannt und unsicher.

Überprüfen Sie Ihre Einstellung wieder mit den 3 Regeln
für gesundes Denken:

1. Entspricht der Gedanke „Ich muß ein guter Gesprächs-
    partner sein und darf nichts Falsches sagen. Der andere
    muß einen guten Eindruck von mir bekommen", den Tat-
    sachen?

    „Nein. Erstens gibt es keine Kriterien, wonach ich ent-
scheiden kann, ob ich ein guter Gesprächspartner bin oder
nicht und zweitens steht nirgendwo geschrieben, daß ich ein
guter Gesprächspartner sein muß. Das ist lediglich eine Forderung, die ich selbst an mich stelle. Ich habe das Recht, etwas Un-
passendes zu sagen. Selbst wenn ich etwas total Falsches sagen
würde, sagt das nichts über den Wert meiner Person aus. Der
Wert meiner Person ist unabhängig von meinem augenblick-
lichen Verhalten. Für die Qualität der Unterhaltung sind beide
Gesprächspartner verantwortlich. Ich kann nicht bestimmen,
welchen Eindruck ich auf den anderen mache. Das hängt von
dessen Vorstellung, wie ein Gespräch verlaufen soll, ab".

2. Hilft mir der Gedanke, mich so zu fühlen, wie ich mich füh-
    len möchte?

    „Nein. Wenn ich so denke, fühle ich mich unter Druck,
Richtiges zu sagen. Ich kann mich schlecht konzentrieren und
fühle mich unsicher. Ich kann nicht auf die Äußerungen des anderen eingehen, so wie ich es möchte".

3. Hilft mir der Gedanke, meine kurz- und langfristigen Ziele
    zu erreichen?

95

„Mein Ziel ist es, für den anderen sympathisch und interessiert zu erscheinen. Das kann ich sicher nicht, wenn ich mich ständig mit meiner Unsicherheit beschäftige".

Dieser Gedanke ist also wenig hilfreich für Sie. Wenn Sie folgendermaßen denken, können Sie Ihr Ziel erreichen: „Ich tue mein Bestes und gebe alles, was ich habe. Der andere darf mich so sehen, wie ich wirklich bin. Das schlimmste, was er von mir denken kann, ist, daß ich ein Mensch mit Stärken und Schwächen bin".

Sie sehen also deutlich, daß Sie Ihre Gedanken verändern müssen, um sich anders fühlen und verhalten zu können. Weder Ihre Persönlichkeit noch die Situation machen Sie nervös. Ursache Ihrer Unsicherheit sind Ihre negativen Gedanken. Sie tun alles, um sich ängstlich und nervös zu machen, und verbieten sich dann, nervös und ängstlich zu sein. Je mehr Sie versuchen, Ihre Nervosität zu kontrollieren, desto nervöser werden Sie. Schließlich können Sie sich überhaupt nicht mehr auf den anderen konzentrieren und ihm Interesse schenken, geschweige denn ihm gegenüber positive Gefühle ausdrücken. Dann folgern Sie fälschlicherweise daraus, daß Ihre Nervosität Sie an dem Kontakt zu den Menschen hindert. Es ist jedoch nicht Ihre Nervosität, sondern Ihr Mangel an Selbstakzeptanz, der den Kontakt verhindert.

Deshalb ist es wichtig, zu lernen, in sozialen Situationen positiver und realistischer zu denken. Wenn Sie positiver denken, werden Sie sich sicherer fühlen. Dann werden Sie besser bei anderen ankommen. Sie werden in einen positiven Kreislauf gelangen. Größere Selbstachtung wird zu größerem sozialen Erfolg führen, welcher wieder zu mehr Selbstvertrauen führt.

Im folgenden habe ich Ihnen einige der häufigsten Gedanken, die zu Selbstunsicherheit und Gehemmtheit führen, aufgeführt und die jeweiligen positiven Gedanken dazu. Ich habe die positiven Gedanken gefunden, indem ich die 3 Regeln für gesundes Denken angewendet habe.

Übungen zum Abbau Ihrer Angst vor Ablehnung

1. Lesen Sie sich zunächst alle negativen Gedanken durch und suchen Sie die auf Sie zutreffenden heraus.

,,Was wird der andere von mir denken, wenn ich ihn anspreche?"

Ich weiß nicht, was er von mir denken wird, wenn ich ihn anspreche. Ich möchte lediglich Kontakt mit ihm aufnehmen, weil ich ihn sympathisch finde. Wenn er etwas anderes denkt, ist das seine Phantasie, die ihm einen Streich spielt".

,,Was ist, wenn ich etwas dummes sage. Das wäre schlimm".

,,Ich kann nur durch Übung lernen, Kontakt aufzunehmen. Wenn ich wirklich etwas dummes sage, so ist das lediglich eine dumme Aussage. Das bedeutet nicht, daß ich wirklich dumm bin. Nächstes Mal kann ich es besser machen".

,,Wenn ich einen Korb kriege, werden die anderen mich auslachen".

,,Ich weiß nicht, ob ich einen Korb kriege, solange ich es nicht probiere. Die anderen können mich immer auslachen, auch wenn ich nichts unternehme. Sollten sie mich wirklich auslachen, so ist das nur deren Meinung. Ich will meine Einsamkeit überwinden. Die gute oder schlechte Meinung der anderen hilft mir nicht dabei".

„Ich darf nicht unsicher sein, wenn ich jemanden anspreche".

„Ich darf unsicher sein, denn ich habe wenig Übung darin, ein Gespräch zu beginnen. Andere Menschen sind auch in manchen Situationen unsicher. Meine Unsicherheit macht mich kein bißchen weniger liebenswert".

„Wenn ich bei einem Gespräch unsicher bin, wird der andere mich ablehnen".

„Ich weiß nicht, ob der andere meine Unsicherheit überhaupt erkennen wird. Und wenn er sie erkennen sollte, weiß ich nicht, ob er sie als positiv oder negativ bewertet. Wenn er mich wegen meiner Unsicherheit wirklich ablehnt, ist das bedauerlich. Es sagt etwas über seine Person und seine Erwartungen aus. Ich bin im Augenblick unsicher und lehne es ab, mich dafür selbst abzulehnen. Wenn jemand wirklich an mir interessiert ist, ist es unwahrscheinlich, daß er mich wegen meiner Unsicherheit ablehnt".

Einige Menschen werden Sie in der Tat ablehnen, wenn Sie unsicher und nervös sind. Aber es ist dabei zu berücksichtigen, daß einige Menschen Sie mögen werden und andere nicht – gleichgültig ob Sie arm oder reich, unsicher oder selbstsicher sind.

„Er/sie wird nicht an jemanden wie mir interessiert sein".
„Ich bin nicht attraktiv genug, um Freunde zu finden und zu halten".

„Ich weiß nicht, ob der andere an mir interessiert ist oder nicht, solange ich ihn nicht angesprochen habe. Wenn ich ihn anspreche, werde ich es erfahren. Das schlimmste, was passieren kann, ist, daß er keinen Kontakt mit mir haben möchte. Das sagt nichts über meine Person aus. Ich bin liebenswert und in Ordnung".

„Ich werde nervös sein und kein Wort herausbringen. Das ist peinlich".

„Ich weiß nicht, ob ich nervös sein werde. Selbst wenn ich nervös wäre, ist das keine Katastrophe. Ich habe Stärken und Schwächen. Im Augenblick habe ich noch Schwierigkeiten, Kontakt anzuknüpfen. Durch Übung kann ich diese Schwierigkeiten überwinden. Wenn ich es nicht wage, werde ich es niemals besser machen können".

„Ich bin langweilig und dumm".

„Ich habe bis jetzt in meinem Leben das Beste gegeben. Ich kann mich nicht über alle Bereiche des Lebens gleich gut unterhalten. Das kann niemand. Aber ich habe genausogut eine Meinung wie jeder andere Mensch auch. Meine Erfahrungen im Leben sind einzigartig und deshalb kann ich sie auch weitergeben. Ich habe anderen Menschen etwas zu geben und werde nach Menschen suchen, die daran interessiert sind.

„Der andere wird sich abwenden. Das bedeutet, ich bin ein Versager".

„Ich weiß nicht, ob der andere sich abwenden wird oder nicht, solange ich keinen Kontakt aufgenommen habe. Wenn er sich wirklich abwenden sollte, ist das bedauerlich, aber ich bin noch lange kein Versager. Es kann sein, daß der andere im Augenblick nicht in der Stimmung ist, sich zu unterhalten, selber Angst hat oder daß ich seinen Vorstellungen nicht entspreche. Wenn ich seinen Vorstellungen nicht entsprechen sollte, so ist er nur ein Mensch von vielen Tausenden, denen ich noch begegnen kann."

Falls Ihre Gedanken, mit denen Sie sich Angst machen, nicht dabei sein sollten, nehmen Sie die 3 Regeln für gesundes Denken zuhilfe und überprüfen Sie Ihre eigenen Gedanken.

Lesen Sie sich die gesunde Denkweise, die auf Ihre Bedenken paßt, täglich durch.

2. Stellen Sie sich zusätzlich den Dialog mit einem Fremden vor, der Ihnen all die befürchteten Kommentare gibt, die Sie sich selbst geben.

Legen Sie dem Fremden all Ihre Kommentare und Kritiken in den Mund, von denen Sie glauben, daß andere Menschen sie tatsächlich über Sie denken. Obwohl wahrscheinlich niemand jemals all diese negativen verletzenden Dinge sagen würde, ist es sinnvoll, sie aufzuschreiben. Sehen Sie sich dabei in der Rolle dessen, der sich vollkommen in Ordnung fühlt und sich von dem Fremden nicht angreifen läßt. Das Ziel dieser Übung ist es, zu erkennen, wie unlogisch und unnötig Ihre Befürchtungen sind. Der Fremde, dessen Kommentare Sie befürchten, ist niemand anderes als Sie selbst. Indem Sie lernen, den Fremden zu überzeugen, können Sie lernen, sich in Ihrer menschlichen Unvollkommenheit anzunehmen.

Selbstannahme und nicht perfekte Selbstkontrolle
heißt das Ziel.

Machen Sie zusätzlich Vorstellungsübungen zu all den Situationen, vor denen Sie sich fürchten.

Bis jetzt haben Sie sich darin trainiert, sich das Schlimme, was passieren könnte, immer und immer wieder vorzustellen. Auf diese Art und Weise haben Sie sich schon im Vorab negative Gefühle geschaffen und die Wahrscheinlichkeit erhöht, daß Sie sich tatsächlich so ‚furchtbar' verhalten haben, wie Sie es sich vorgestellt hatten. In der Psychologie nennt man das die ‚sich selbst erfüllende Prophezeiung'. Wenn Sie sich nur genügend häufig vorstellen, wie Sie schwitzen, stottern oder rot werden im Gespräch, wird es tatsächlich gelingen. Negative Vorstellung hilft nicht, Negatives zu vermeiden. Deshalb müssen Sie das in Ihre Vorstellung und Phantasie eingeben, was Sie erreichen möchten. Sehen Sie sich als interessanten warmherzigen Gesprächspartner. Sehen Sie, wie Sie stolz auf sich sind und auf andere Menschen zugehen können.

4. Beginnen Sie, täglich drei Fremde mit „Guten Tag" zu begrüßen.

Grüßen Sie zunächst Menschen, mit denen Sie ganz bestimmt keinen weiteren Kontakt haben möchten. Das ist einfacher. Mit zunehmender Übung werden Sie es natürlicher finden zu grüßen. Dann grüßen Sie mögliche Partner und Freunde.

Nehmen Sie Blickkontakt auf, lächeln Sie und dann sagen Sie „Guten Tag" oder auch „Hallo".

Hören Sie nicht auf Ihr Gefühl. Es sagt Ihnen nur, daß Ihr Verhalten ungewohnt ist.

Manche Menschen haben auch einen weiteren Einwand gegen das bewußte Beginnen eines Gesprächs. Sie wollen lieber ein spontanes Zusammentreffen und finden es beschämend, nach einem Partner oder Freunden suchen zu müssen. Ich sehe das ein wenig anders: Es ist großartig, wenn sich ein spontanes Zusammentreffen ereignet und der Märchenprinz an der Tür läutet. Aber es passiert meiner Meinung nach zu selten, um darauf zu warten. Ich halte mehr davon, selbst über mein Leben zu bestimmen und in jeder Situation die Wahl zu haben, ob ich aktiv werde oder warte. Ich sehe diese Märchenprinzphantasie als Schutz vor sozialem Versagen an. Sie schützt davor, Fehler zu machen und möglicherweise ‚lächerlich' auszusehen. Sie lehnen sich selbst ab, bevor andere es tun können. Sie können das Risiko vermeiden, neues Verhalten zu erproben und möglicherweise abgelehnt zu werden. Aber Sie haben auch nicht die Chance, neue Menschen kennenzulernen.

Was Sie benötigen, um Kontakt aufzunehmen, ist, sich selbst als selbständiges Wesen, das fähig ist, sich selbst zu genießen, darzustellen. Am Anfang werden Sie diese Selbstsicherheit wahrscheinlich spielen müssen. Wenn Sie jedoch beginnen, sich für Ihr Alleinsein zu entschuldigen, kann das automatisch die Abwendung der anderen bewirken.

Wenn Sie andere grüßen, werden einige sich freuen und Ihren Gruß erwidern, andere werden Sie nicht beachten. Sie werden jedoch eine Menge freundlicher Menschen entdecken,

die darauf warten, von einem freundlichen Menschen angesprochen zu werden. Üben Sie solange zu grüßen, bis Sie sich
dabei wohl fühlen.

Was sage ich, nachdem ich „Guten Tag" gesagt habe?

Zusätzlich zu der Veränderung Ihrer Gedanken und Vorstellungen benötigen Sie noch ein paar Gesprächstechniken.

Viele unsichere Menschen haben panische Angst, daß
ihnen entweder überhaupt nichts einfällt, worüber sie sich
unterhalten könnten, oder daß ihnen mitten in der Unterhaltung der Gesprächsstoff ausgeht und eine peinliche Stille ein-
kehrt. Ich habe Ihnen deshalb im folgenden 3 Gesprächstechniken aufgeführt.

Sie helfen Ihnen dabei, sich auf das Gegenüber zu konzentrieren anstatt auf Ihre eigene Nervosität und Unvollkommenheit.

Sie müssen im Gespräch interessiert sein
und nicht interessant, um anzukommen.

Die folgenden 3 Techniken können sehr hilfreich sein,
wenn Sie diese üben und einsetzen. Zu Beginn werden Sie sich
wahrscheinlich wieder unwohl fühlen, aber das kennen Sie inzwischen ja schon. Mit der Zeit werden Sie Erfolg verspüren.
Sie werden einfacher Kontakte knüpfen und Menschen schneller kennenlernen können.

1. Small Talk

Darunter versteht man Gespräche, die sich um ganz all-
tägliche, ja sogar banale Dinge drehen: das Wetter, den Urlaub,
die Mode, usw. Viele unsichere Menschen sagen: „Ich kann
mich doch nicht über das Wetter unterhalten. Das ist zu banal".
Diese Menschen glauben, nur über etwas Außergewöhnliches
oder Hochgeistiges sprechen zu können. Da aber nur selten
etwas Außergewöhnliches passiert, sagen sie lieber nichts aus

Angst, vom anderen nicht interessant genug angesehen zu werden.

Das ist Unsinn. Hören Sie einmal mit, wenn andere sich unterhalten. Welches sind die Themen?

Die Gespräche kreisen oft um Tagesereignisse. Da ist die Rede vom Wetter, von politischen und wirtschaftlichen Ereignissen, von Filmen, die im Kino laufen, vom Fernsehprogramm. Ein Großteil der Menschen unterhält sich Tag für Tag über diese Themen. Warum nicht auch Sie?

Höre ich Sie sagen:

„Aber ich interessiere mich doch nicht für Politik und Kultur. Und ins Kino gehe ich auch nicht"? Dann fangen Sie an, sich dafür zu interessieren. Aber selbst wenn Sie das nicht möchten, dann gibt es ein Thema, über das Sie hundertprozentig Bescheid wissen: über Ihre eigene Person.

Die Menschen sind auch daran interessiert, Sie kennenzulernen: nicht, daß Sie ein Genie sind, sondern schlicht und einfach, was Sie tun, welchen Hobbies Sie nachgehen, welche Vorlieben und Abneigungen Sie haben, usw. Gleichgültig, was Sie für Ihren Lebensunterhalt tun, Ihr Beruf ist genauso interessant wie jeder andere Beruf auch.

2. Interessieren Sie sich für den anderen.

Viele schüchterne Menschen glauben fälschlicherweise, daß sie andere mit ihrem Aussehen oder ihrer Intelligenz beeindrucken müssen, um interessant zu sein. Das ist ein großer Irrtum. Ganz abgesehen davon, daß nicht jeder einen Porsche fahren und sich teure Kleider kaufen kann, setzen sie sich mit einer solchen Forderung unter einen enormen Leistungsdruck. Viele Menschen versuchen, auf andere interessant und attraktiv zu wirken. Durch ihr Posierverhalten haben sie jedoch keine Augen und Ohren für den anderen. Sie sind so mit sich und ihrer Selbstdarstellung beschäftigt, daß sie gar nicht für den anderen offen sind.

Wenn Sie versuchen, interessant zu sein, dann sind Sie uninteressant. Wenn Sie dagegen an anderen interessiert sind, dann sind Sie interessant. Jeder Mensch hat das Bedürfnis, geliebt und geschätzt zu werden.

Wenn Sie anderen Menschen Interesse und Wertschätzung
entgegenbringen, dann sind Sie für andere
attraktiv und sympathisch.

Ein einfacher Weg, Interesse für den anderen zu zeigen, ist, Fragen zu stellen. Veranlassen Sie andere, von sich zu sprechen.

„Erzählen Sie mir mehr darüber", „Was machen Sie beruflich?", „Wie gefällt Ihnen Ihre Arbeit?" Finden Sie heraus, was der andere beruflich tut, woher er kommt, welche Hobbies er hat, was er zu tun beabsichtigt, usw. Stellen Sie möglichst solche Fragen, auf die man nicht mit einem ja oder nein antworten kann. Hören Sie auf das, was der andere berichtet. Aus seinen Antworten können Sie weitere Fragen formulieren. Wenn Sie krampfhaft überlegen, was Sie als nächstes sagen könnten, dann haben Sie keine Augen und Ohren für den anderen und das, was er sagt.

Sie können auf das, was der andere sagt, auf verschiedene Weise reagieren:

a) Sie können ihm zustimmen, wenn Sie seiner Meinung sind, z. B.: „Ja, Sie haben recht. Das Wetter ist wirklich schlecht". Menschen fühlen sich gewöhnlich wohl, wenn sie vom Gesprächspartner Zustimmung erhalten. Sie fühlen sich dann verstanden und anerkannt. Deshalb ist es gut, zumindest ein Körnchen Wahrheit in der Meinung des anderen zu entdecken und ihr zuzustimmen.

b) Sie können ihn auffordern, mehr darüber zu sprechen: „Das ist wirklich interessant. Das interessiert mich näher", oder „Darüber möchte ich mehr erfahren".

3. Geben Sie etwas von sich preis.

Teilen Sie dem anderen Ihre Ängste und Zweifel, aber auch die Dinge mit, die Sie begeistern. Manche Menschen werden vielleicht auch abweisend darauf reagieren, aber viele werden erleichtert sein, weil sie dann auch ‚Mensch sein dürfen'. Selbst wenn jemand Sie auslachen sollte, ist das nicht schlimm, solange Sie sich selbst mit Ihren Fehlern akzeptieren.

4. Machen Sie Komplimente.

Jeder Mensch möchte von anderen Menschen gemocht werden, wenngleich er es nicht immer zugibt. Komplimente sind eine Möglichkeit, anderen zu zeigen, daß sie einem wichtig sind. Beginnen Sie deshalb, sich darin zu üben, Komplimente zu machen. Suchen Sie sich zunächst Menschen aus, die für Sie nicht als Partner interessant sind. Sie können ein Kompliment machen über das Aussehen, die Kleidung, das Wissen, eine momentane Reaktion oder auch ein Dankeschön sagen für etwas, was der andere gerade für Sie gemacht hat. Jedes Kompliment ist recht und meist werden Sie eine positive Reaktion erhalten. Gut ist es, sich darum zu bemühen, beim anderen etwas Positives zu finden, das man hervorheben möchte. Man sollte hierbei jedoch nicht übertreiben und Dinge behaupten, die absolut nicht stimmen. Manchen Menschen fällt kein Kompliment ein, weil sie nach etwas Außerordentlichem oder gar Genialem an der Person des anderen oder seinem Verhalten suchen. Das ist nicht notwendig. Ein Kompliment zu machen, bedeutet einfach, dem anderen in der Situation etwas nettes zu sagen. Es muß nicht wert sein, in der Presse zu stehen, oder für alle Zeiten gelten.

Achten Sie auch darauf, selbst Komplimente anzunehmen. Sagen Sie einfach: ,,Danke schön'' oder ,,Das freut mich'', anstatt sie abzutun mit dem Kommentar: ,,Es geht so'', oder ,,Andere sind aber noch besser, hübscher, ...''.

Wenn man jemanden neu kennenlernt und an einem weiteren Gespräch interessiert ist, sollte man es vermeiden, den anderen anzugreifen und starr auf seiner Meinung zu beharren. Sonst wird der andere schnell das Interesse an Ihnen verlieren. Vermeiden Sie feindselige Gefühle und die Tendenz, den anderen als dumm hinzustellen. Wenn Sie ein Gespräch als Wettkampf und Rechthabenmüssen ansehen, werden Sie negative Erlebnisse haben. Wenn Sie ein Gespräch als Chance, jemanden kennenzulernen und Ideen auszutauschen, sehen, werden Sie höchstwahrscheinlich positive Erfahrungen machen.

Die grundlegenden Gesprächstechniken sind also: Interesse am anderen bekunden, seine Aussage wiederholen, Fragen über seine Person stellen und zumindest ein kleines Körnchen Wahrheit in seiner Aussage finden, das Sie bestätigen können. Zeigen Sie Interesse am anderen in der Form, daß er weiß, daß Sie ihn als einzigartigen Menschen ansehen. Wenn Sie diese Punkte berücksichtigen, werden Sie sich wahrscheinlich nicht lange schüchtern und ausgeschlossen fühlen.

Diese Gesprächstechniken sind ausgesprochen hilfreich und wirkungsvoll. Ich verwende sie täglich und lerne durch sie viele Menschen kennen. Die Welt ist voller einsamer Menschen, die darauf warten, angesprochen zu werden.
Höre ich Sie sagen: ,,Ich kann doch meine innersten Gefühle niemanden mitteilen'' oder ,,Ich kann doch nicht einfach fremde Menschen anlächeln oder sie über sich ausfragen'' oder ,,Ich kann doch nicht small talk machen. Die anderen werden doch auf mich herabschauen und negativ reagieren''? Dann überprüfen Sie schnellstmöglich Ihre Gedanken. Schützen Sie sich mit diesen Einwänden vielleicht davor, mit anderen in Wettbewerb zu treten? Haben Sie Angst, sich einer Abweisung auszusetzen?
Bis jetzt können Sie noch keine Beweise dafür bringen, daß diese Techniken nicht funktionieren, denn Sie haben sie noch nicht erprobt, oder? Sie wissen bis jetzt nur, daß Ihre alten

Gesprächstechniken nicht genügen, um Sie aus Ihrer Einsamkeit zu befreien. Wahrscheinlich werden Sie nicht immer ankommen beim anderen, aber das kann niemand. Wenn Sie das Risiko eingehen und ein Gespräch beginnen, stehen die Chancen 50:50, daß Sie einen lieben Menschen kennenlernen und positive Erfahrungen machen. Wenn Sie das Risiko nicht eingehen, stehen die Chancen 100 %, daß Sie verlieren und keinen Kontakt finden.

Ob es Ihnen gefällt oder nicht, auf den anderen einzugehen und Komplimente zu machen, ist ein Teil der Rituale, die zur Kontaktaufnahme gehören. Small talk ist eine Möglichkeit, erst einmal mit anderen Menschen Fühlung zu nehmen. Auch wenn Sie sich dabei zunächst albern vorkommen, ist es in Ordnung, sich so zu verhalten. Wenn Sie den anderen näher kennenlernen, bleibt noch genügend Zeit für eine ernstere und tiefergehende Unterhaltung.

Ich kann es nicht genug wiederholen: Einige gezielte Fragen und Komplimente können mehr für den Aufbau einer Freundschaft tun als jeder Versuch, intelligent zu erscheinen.

Jeder hat den Wunsch, gemocht und bewundert zu werden, und wenn Sie bereit sind, Interesse am anderen zu zeigen, werden diese sich in der Regel von Ihnen angezogen fühlen.

Kapitel 9

Wie kann ich Menschen treffen?

Nun kennen Sie alle Strategien, die Sie benötigen, um Kontakt aufzunehmen: Selbstvertrauen, Blickkontakt, Körperhaltung, Mimik und die Gesprächstechniken. Was noch fehlt, sind die Orte, wo Sie nach Gesprächspartnern Ausschau halten können. Im Grunde genommen ist das überall, wo Menschen anzutreffen sind, möglich. Aber viele einsame Menschen meinen, sie müßten ganz gezielt Orte aufsuchen. Das erklärt sich daraus, daß sie ja nach dem ‚idealen' Partner oder dem ‚richtigen' Freund suchen.

Ganz gezielt Lokale und Orte anzusteuern, die als Single-Treffs bekannt sind, ist häufig sehr anstrengend, weil man sich wie ein Spießrutenläufer vorkommt. Viele sehen sich wie auf der Bühne und unter Leistungsdruck, sich gut zu verkaufen.

Fortbildungsveranstaltungen

Schauen Sie zunächst nach Ihren eigenen Interessen und gehen Sie dorthin, wo Sie ihnen nachgehen können. Sie schlagen damit zwei Fliegen mit einer Klappe. Zum einen machen Sie sich zufrieden und können Zufriedenheit ausstrahlen. Zum anderen finden Sie dort, wo Sie Zufriedenheit finden können, auch Menschen, die Ihnen ähnlich sind. Und eine wichtige

108

Basis für eine erfolgreiche Freundschaft oder Partnerschaft ist, daß beide Bereiche haben, in denen sie gemeinsam Freude finden. Volkshochschulkurse oder andere Fortbildungsseminare sind z. B. eine gute Möglichkeit, Menschen kennenzulernen. Der Vorteil bei diesen Kursen ist, daß sie meist jedes Semester neu beginnen und noch keine ‚Cliquenwirtschaft' besteht.

Vereine

Wenn Sie in einen Verein eintreten, haben Sie ebenfalls die Möglichkeit, etwas für sich zu tun und Menschen mit gleichen Interessen kennenzulernen. Das Vereinsleben hat den Vorteil, daß Sie auch leichter Gesprächsthemen finden, worüber Sie sich mit den anderen Mitgliedern unterhalten können. Nachteil ist, daß der Verein meist schon lange besteht und sich bereits Grüppchen gebildet haben. Sie brauchen also etwas Zeit, um Anschluß zu finden. Nehmen Sie sich Zeit und nehmen Sie kontinuierlich ein halbes Jahr lang an den Aktivitäten teil. Dann werden Sie sich bestimmt auch zugehörig fühlen. Wenn Sie möchten, können Sie nach den Vereinssitzungen jemanden ansprechen, ob er noch ein Glas Wein mit Ihnen zusammen trinken will, oder ihn mal zu einer anderen Aktivität einladen.

Kontaktanzeige

Eine andere Möglichkeit ist es, eine Kontaktanzeige in einer Zeitung aufzugeben oder auf eine Annonce zu schreiben. Ich selbst habe in meinem Bekanntenkreis 3 glückliche Partnerschaften, die auf diese Art und Weise zustandegekommen sind. Es ist besonders für Frauen empfehlenswert, sich Zuschriften per Chiffre zukommen zu lassen. Auf Anzeigen sollte man nur mit Vornamen und Telefonnummer antworten. Anderenfalls könnte der Interessierte plötzlich und unerwünscht vor Ihrer Wohnung stehen. Nachteil einer Zeitungsanzeige ist, daß Sie wenig über sich selbst sagen können und auch nicht wissen, ob der andere die Wahrheit sagt. Vorteil ist, daß derjenige, der eine Anzeige aufgibt, gewöhnlich auch jemanden kennenlernen will. Bevor Sie auf ein Inserat schreiben, sollten Sie mindestens ein Interessengebiet gemeinsam haben. Wenn Sie auf eine Anzeige schreiben, sollten Sie den Brief kurz halten. Achten Sie darauf, wenn Sie ein Treffen vereinbaren, daß Sie den Ort exakt beschreiben und die Uhrzeit genau absprechen. Machen Sie aus, woran sie sich erkennen wollen. Das erste Zusammentreffen sollte an einem öffentlichen Ort stattfinden. Diskos oder laute Orte sind ungeeignet.

Gefahren, die bei der Kontaktaufnahme per Annonce auftreten, sind, daß Sie denken, der erste müßte gleich der Richtige sein. Oder Sie erwarten, daß er den gleichen intensiven Wunsch wie Sie nach einer festen Partnerschaft hat und Ihnen sofort einen Heiratsantrag oder zumindest eine feste Zusage macht.

Erwarten Sie nicht, daß Sie sofort Ihren Traumpartner treffen. Sie finden auch nicht jeden Menschen, dem Sie sonst begegnen, sympathisch. Betrachten Sie das Zusammentreffen lediglich als eine Möglichkeit, einen Abend oder Nachmittag mit einem anderen Menschen zusammen zu verbringen und diesen kennenzulernen. Diese Zusammentreffen sind auch eine gute Gelegenheit, die Gesprächstechniken aus Kap.8 auszuprobieren.

Kontaktanzeigen eignen sich ebenfalls dafür, einen netten Freundeskreis zu finden.

Nachbarschaft

Schauen Sie sich in der Nachbarschaft um und beginnen Sie, sich für das Leben der Nachbarn zu interessieren. Beginnen Sie Gespräche mit den Nachbarn. Sicher ist der eine oder andere dabei, der ein Interessengebiet mit Ihnen teilt. Es ist auch wohltuend, zu wissen, daß jemand Vertrautes in der Nähe ist, wenn man einmal krank wird.

Computer-Partnervermittlung

Da viele Menschen auf der Suche nach einem idealen Partner sind, wenden sie sich in dem Glauben an die Computerfirma, daß sie den geeigneten für sie passenden Partner vermittelt bekommen. Bevor Sie sich nun an ein solches Institut wenden, sollten Sie wissen, wie eine solche Firma meist arbeitet.

Zunächst einmal muß der Interessierte einen Fragebogen ausfüllen, der Fragen zu seiner Person (Körperstatur, Alter, Größe, Gewicht, Haarfarbe, Religion, etc.) beinhaltet. Dann folgen Fragen nach persönlichen Interessen und bevorzugten Aktivitäten. Die gleichen Fragen beantwortet der Interessierte dann für den gewünschten Partner. Einige Firmen verwenden auch Fragebögen, die wie psychologische Teste aussehen und den Charakter des Idealpartners betreffen. Häufig sind diese Tests eher Augenwischerei, weil diese Institute sehr selten Psychologen für die Testauswertung hinzuziehen. Einer der wichtigsten Teile der Befragung ist die Frage nach dem Wohnort des Interessierten, nicht etwa die nach körperlichen Charakteristika, Interessen und Aktivitäten. Nach dem Ausfüllen des Fragebogens werden die Daten des Interessenten in den Computer eingespeist. Wenn die Angaben des Interessenten mit den Wünschen eines oder mehrerer Interessenten des anderen Geschlechts übereinstimmen, bekommen diese seine Adresse zugesandt. Was Sie also bei einer Computer-Partnervermittlung tatsächlich kaufen, ist eine Adressenliste von Menschen, die mehr oder weniger Ihren Wünschen entsprechen, und die Chance, daß Ihre Adresse anderen Interessenten gegeben wird, deren Wünschen Sie entsprechen.

Die Nachteile sind, daß Sie erstens eine größere Chance haben, Adressen von anderen Suchenden zu erhalten, wenn in Ihrem Landkreis mehr Suchende sind, die sich an die Partnervermittlung gewandt haben. Konkret heißt das, wenn Sie auf dem Land wohnen, sind Sie schlechter dran. Zweitens kommen tendenziell zwei Männer auf jede Frau im Alter zwischen

20 – 30 Jahren. Drittens ist die Gefahr groß, daß die Interessenten sich im Fragebogen interessanter und attraktiver beschreiben, als sie es in Wirklichkeit sind.

Wohnort und Alter sind die wichtigsten Kriterien, nach denen der Computer auswählt. Wenn Sie die Adressenliste erhalten, kann ein weiterer Nachteil zutage treten. Es gibt nämlich absolut keine Garantie dafür, daß die Menschen auf der Liste daran interessiert sind, Sie zu treffen. Einige Adressen sind wahrscheinlich schon einige Monate im Computer, die Interessenten umgezogen, haben schon einen Partner oder aber kein Interesse mehr an einem Partner.

Zudem haben Sie immer noch die Aufgabe, Kontakt zu diesen Menschen aufzunehmen. D. h. Sie befinden sich in derselben Lage, wie wenn Sie auf eine Annonce geschrieben oder eine Annonce aufgegeben hätten.

Nichtsdestotrotz gibt es auch Erfolge bei der Partnervermittlung durch Computer. Vorteile gibt es für die Menschen, die leicht auf die zu zahlende Vermittlungsgebühr verzichten können, in einer Großstadt leben, eher eine Ausweitung des Freundeskreises anstreben als einen Partner und leicht Kontakt zu Fremden knüpfen können. Ironischerweise sind das die Menschen, die am wenigsten auf die Partnervermittlung per Computer angewiesen sind.

Heiratsinstitute

Heiratsinstitute haben den Vorteil, daß der Interessent interviewt wird. Ihr Nachteil ist, daß Sie sicher sein müssen, eine Heirat zu wollen. Will man sich an ein Heiratsinstitut wenden, sollte man sehr vorsichtig sein. Viele Institute werben mit Idealpartnern, die alle beruflichen und menschlichen Vorteile besitzen, die man sich nur wünschen kann. Ruft man an, wird man gewöhnlich zu einem Gespräch gebeten, bei dem man zuerst einen Vertrag zur Unterschrift vorgelegt bekommt.

Das Heiratsinstitut kann im Grunde genommen keinen Partner zur Heirat bieten sondern nur die Männer und Frauen, die in seiner Kartei stehen. Inwieweit diese die Fähigkeit zum

Eheleben besitzen, welche charakterlichen Eigenschaften sie haben, weiß es nicht. Obwohl es laut Statistik mehr unverheiratete Männer als Frauen gibt, befinden sich in den Listen der Heiratsinstitute mehr Frauen. D. h. Frauen sind gegenüber Männern benachteiligt bei den Chancen, die sie durch das Heiratsinstitut geboten bekommen.

Bevor Sie sich an ein Heiratsinstitut wenden, sollten Sie sich darüber informieren, ob das Institut im Handelsregister eingetragen ist. Dies gibt einen gewissen Schutz, daß man keiner Agentur in die Hände fällt, die in 2 Monaten einfach zumacht und verschwindet. Drängen Sie auf einen schriftlichen Vertrag, den Sie nicht sofort unterschreiben, sondern zuhause erst einmal in Ruhe durchlesen. Der Vertrag sollte den Tarif enthalten und konkrete Angaben über zu erwartende Dienstleistungen: Dauer des Vertrages, Häufigkeit des Angebots.

Single-Clubs

In den meisten Tageszeitungen werden Sie unter der Rubrik Bekanntschaften/Partnerschaften oder im Branchenteil verschiedene Angebote von Single-Clubs finden. Sie bieten Freizeitaktivitäten, Parties und die Möglichkeit zu Kontakten an.

Die meisten Single-Clubs verlangen eine unverhältnismäßig hohe Gebühr für ihre Leistungen im Vergleich zu dem, was sie bieten. Bevor Sie sich also entschließen, einem solchen Club beizutreten, sollten Sie sich genau erkundigen über die fällige Mitgliedsgebühr, die Leistungen und die Mitgliederzahl. Eine Beratungsstelle für Alleinlebende gibt als Richtwert 60 – 100 Mitglieder bei einem Jahresbeitrag von 500 – 700 DM als angemessen an. Vereinbaren Sie eine Probezeit, bevor Sie sich zu einer festen Mitgliedschaft entschließen (auch wenn Sie während der Probezeit eine Gebühr bezahlen müssen).

113

Selbst aktiv werden: einen Stammtisch gründen

Geben Sie ein Inserat in Ihrer Tageszeitung oder Ihrem regionalen Wochenblatt auf, in dem Sie zur Gründung eines Stammtisches für einsame Menschen aufrufen. Den Interessierten teilen Sie dann schriftlich Ort, Uhrzeit und Grund der Einladung mit. Geeignet zum ersten Treffen ist ein Nebenzimmer in einem Lokal.

Am ersten Abend sollten Sie dann die Ziele des Stammtisches besprechen und eine Kontaktperson bestimmen, über die Organisation, Zu- und Absagen laufen. Sie sollten überlegen, ob und welche gemeinsamen Aktivitäten sie planen wollen. Nur „einsam sein" genügt im Laufe der Zeit nicht mehr, um zum Stammtischbesuch motiviert zu sein.

Privatinitiative gründen

Frau Rotraud Meyer (0 28 66/45 58 ab 18 Uhr) gründete die Privatinitiative „Menschen suchen Menschen". Einsame Menschen und solche, die sich um andere kümmern möchten, können sich bei ihr telefonisch melden. Dann sucht sie aus ihrer Liste eine passende Kontaktperson aus. Bei Frau Meyer melden sich Menschen zwischen 25 und 85 Jahren, hauptsächlich Frauen. Sie hilft alten und kranken Menschen Kontakte zu knüpfen.

Bei Frau Meyer können Sie erfahren, ob es in Ihrer Stadt eine solche Initiative gibt. Sie verschickt auch Informationsmaterial, wie man solch eine Initiative aufbaut.

Wäre dies nicht auch eine Möglichkeit für Sie, Ihrem Leben einen Sinn zu geben und sich nützlich zu machen?

Bei einer Umfrage „Wo haben Sie Ihren Ehepartner kennengelernt?" erwiderten 24 % bei Tanz oder Karneval, 19 % bei familiärer Geselligkeit, 13 % aufgrund beruflicher

Belange, 9% aufgrund einer Jugendbekanntschaft, 9% durch Zufall, 7% im Urlaub, 4% in einem Kurs oder Verein, 3 % beim Sport. Nur 2% der Befragen gaben eine Ehevermittlung, Inserate oder Briefwechsel an.

Ich persönlich halte die Mitgliedschaft in einem Verein oder Kurs oder die persönliche Annonce für den besten und billigsten Weg, Kontakte und gegebenenfalls einen Partner zu finden. Sowohl bei der Computer-Partnervermitlung als auch beim Heiratsinstitut bleibt einem Suchenden ebenfalls nicht die Überwindung der Angst vor dem ersten Treffen und das nähere Kennenlernen und Prüfen erspart.

Kapitel 10

Wie gehe ich mit den ersten Kontakten um?

Wenn Sie beginnen, Ihre Einsamkeit zu überwinden und Kontakt aufzunehmen, werden die anderen sich höchstwahrscheinlich auch für Sie interessieren. Es besteht dann für Sie die Gefahr, zwei Fehler zu begehen: die Idealisierung des Gegenübers und die sofortige Ablehnung ohne Prüfung.

Die Idealisierung des Gegenübers

Viele einsame Menschen sehen in dem Ersten, der sich für sie interessiert, sofort all ihre Hoffnungen und Vorstellungen erfüllt. Sie werden blind für alle Schwächen des Gegenübers und die Unterschiede zwischen ihnen beiden. Sie waren zu lange einsam und haben eine zu große Lücke an Zuwendung, die sie gerne auffüllen möchten. Ihre Einstellung ist: „Ich brauche jemanden, der mich wieder zu einem vollständigen und glücklichen Menschen macht".

Ich weiß, daß die Versuchung groß ist, aber begehen Sie nicht den Fehler, sich gleich auf den Ersten, der Sie sympathisch findet, festzubeißen. Widerstehen Sie dieser Versuchung, sonst werden Sie an dieser Beziehung klammern und das Ende der Beziehung ist vorhersehbar. Sie werden sich in der erstbesten Partnerschaft oder Freundschaft zu sehr nach den Bedürfnissen des Partners/Freundes richten, Angst haben, ihn zu verlieren, eifersüchtig sein, sich schuldig fühlen, wenn es Konflikte gibt, usw. Sie brauchen mehr Erlebnisse, gemocht zu werden. Sie haben es verdient, sich den Partner oder Freund auszuwählen, der die meisten Ihrer Wünsche erfüllen kann. Höchstwahrscheinlich ist es nicht der Erstbeste, der Ihnen begegnet und Ihnen ein bißchen Liebe gibt.

Sie brauchen Erfahrung dazu, um zu wissen, was Ihnen beim anderen gut tut und was nicht. Geben Sie sich deshalb die Chance, mehr Kontakte zu knüpfen und unterschiedliche Menschen kennenzulernen.

Bei dem Versuch, die Einsamkeit zu überwinden, geben manche Menschen ihre Individualität auf und begeben sich in Abhängigkeit.

Achten Sie deshalb bei neuen Bekanntschaften darauf, daß ein Gleichgewicht darin besteht, was jeder gibt. Entweder eine Abmachung ist für beide verbindlich oder man trifft sich eben „spontan" und nur dann, wenn beide wollen. Wenn Sie jetzt beginnen, immer nachzugeben, werden Sie sich immer so verhalten müssen, denn Sie haben Angst, sonst die Freundschaft zu verlieren.

Die sofortige Ablehnung ohne Prüfung

Viele einsame Menschen haben gleichzeitig mit der Sehnsucht nach Zweisamkeit soviel Angst vor Verletzung, daß sie einen möglichen Freund sofort von allen Seiten kritisch betrachten und abwerten. Sie sehen sofort schwarz für die neue Beziehung und suchen nach Alarmsignalen, daß der andere doch nicht als Partner oder Freund geeignet ist. Ihre Einstellung ist: „Wenn der andere nicht ganz perfekt ist, möchte ich nicht einmal einen Teil davon haben". Sie signalisieren häufig ihre Angst vor Nähe mit der Einstellung: „Ich treffe einfach nicht die richtigen Menschen".

117

Verstehen Sie mich nicht falsch. Ich sage nicht, daß Sie keine Wünsche und Vorstellungen vom zukünftigen Partner oder Freund haben sollten. Jeder von uns sucht nach Menschen, mit denen er etwas gemeinsam hat. Kommen Sie ab von dem Ziel, d e n richtigen Partner zu suchen. Suchen Sie nach Menschen, mit denen Sie Ihre Zeit teilen können. Solange Sie die Gesellschaft der anderen genießen und diese Ihre, ist es nicht so wichtig, ob es d i e richtige Gesellschaft für Sie ist. Der Kontakt wird auf jeden Fall Ihre Einsamkeit verringern. Wenn Ihre Angst vor Nähe und Verletzung überwunden ist, werden Sie den richtigen treffen. Sie brauchen im Grunde genommen keinen perfekten Partner, um Liebe empfinden zu können. Wahre Liebe bedeutet, den Partner so zu akzeptieren, wie er ist.

Die Freundschaft mit einem verheirateten Partner

Wenn Sie auf der Suche nach einem Partner für eine dauerhafte Partnerschaft sind, sollten Sie keine Beziehung mit einem Partner eingehen, der zwar beteuert, sich trennen zu wollen, aber noch mit seinem Ehepartner lebt. Sie machen sich dadurch zum Opfer. Wochenenden und Ferien gehören meist der Familie. Der andere bestimmt, wann Sie sich treffen. Sie sind für ihn immer abrufbereit. Die Einsamkeit zwischen den einzelnen Treffen ist umso größer, wenn Sie kein nächstes Treffen vereinbart haben.

Häufig steht bei der Wahl verheirateter Partner eine Schutzfunktion dahinter. Die Tatsache, daß man von ihm verlassen wird, ist einfacher, zu akzeptieren, weil er Frau, Kinder und einen Ruf hat.

Sie brauchen keinen Partner, um sich glücklich und vollwertig zu fühlen. Der Preis, für den anderen jederzeit abrufbereit zu sein – ohne eigene Bedürfnisse zu berücksichtigen – ist zu hoch. Sie haben genausoviel Achtung verdient, wie Sie dem Partner geben. Sich selbst zu sagen, daß man jemanden braucht, ist der schnellste Weg zur Einsamkeit. Das Verlangen nach Liebe aufzugeben, ist der Weg zur Nähe.

„Wenn ich nicht verliebt bin, ist das nicht der richtige Partner".

Auch die Einstellung, tief verliebt sein zu müssen, bevor Sie sich mit einem anderen näher befassen, kann Ihnen Schwierigkeiten bereiten. Sie warten dann immer darauf, das prickelnde Gefühl des Verliebtseins zu verspüren, und übersehen dabei alle netten an Ihnen interessierten Menschen, in die Sie sich nicht verliebt haben. Das Verliebtheitsgefühl ist kein sicheres Zeichen für den richtigen Partner. Es genügt für den Anfang die Bereitschaft, den anderen näher kennenlernen zu wollen. Auch daraus kann sich eine langfristig erfolgreiche Liebesbeziehung entwickeln. In der Tat können Sie intensive Verliebtheitsgefühle sogar daran hindern, Schwächen am Partner zu erkennen. Durch Verliebtheitsgefühle können Ihre Erwartungen an den Partner sehr hoch werden und Sie können später um so mehr enttäuscht sein. Das anfängliche Verliebtsein kann die Beziehung erschweren, da jeder Partner in dieser Phase im anderen scheinbar sein Ideal verwirklicht sieht. Hören Sie deshalb auf, auf Ihre Verliebtheit zu warten. Es ist zwar ein wunderschönes Gefühl, verliebt zu sein, aber Sie nehmen sich hierdurch die Freude, einfach das Zusammensein mit anderen Menschen zu genießen.

Teil IV

Beziehung
zu anderen
vertiefen:
andere lieben

Viele einsame Menschen glauben, ihre Probleme
ein für alle Mal gelöst zu haben, wenn sie einen
Partner oder Freund gefunden haben. Aber sie
müssen weiter an sich arbeiten, um eine intensive
Beziehung mit gegenseitiger Achtung und Wärme
aufzubauen.

Feindseligkeit gegenüber dem anderen oder das
Klammern an den anderen können einer engen
Beziehung in den Weg kommen. Oder aber der
Partner/Freund entscheidet sich, doch keine so
enge oder überhaupt keine Partnerschaft haben
zu wollen.

Dann werden sie wieder die Verletzbarkeit und
Enttäuschung verspüren, der sie glaubten, ent-
ronnen zu sein.

In Teil IV werden wir uns damit beschäftigen, wie
Sie eine enge Beziehung zum anderen aufbauen
und besser mit Ablehnung und Trennung umgehen können.

Kapitel 11

Die Angst vor Nähe und die Angst vor dem Verlust

Sie haben inzwischen schon gewaltige Anstrengungen unternommen, Ihre Einsamkeit zu überwinden. Sie haben begonnen, sich selbst zu mögen und den ersten Schritt auf andere zu gewagt. Sie sind dabei, Ihre Angst vor Ablehnung zu überwinden und treffen sich häufiger mit anderen. Möglicherweise entwickelt sich daraus ein weiteres Problem: Wie lerne ich Menschen, die mich mögen, zu achten und zu lieben?

Das Zulassen intensiver Gefühle und das Einlassen in eine dauerhafte Partnerschaft/Freundschaft kann durch zwei unterschiedliche Verhaltensmuster blockiert werden: 1. Feindseligkeit und Aggression und 2. die totale Anpassung.

Feindseligkeit und Aggression

Freundlichkeit und Anteilnahme können den Mitmenschen zeigen, daß Sie diese mögen. Aber das ist nicht so leicht.

Besonders einsame und schüchterne Menschen haben wenig Übung darin, anderen ihre Gefühle mitzuteilen. Im Innern haben sie ein unstillbares Bedürfnis nach Nähe, Anerkennung und Geborgenheit. Nach außen hin zeigen sie jedoch häufig Arroganz, Kälte, Ablehnung und Desinteresse. Diese äußeren Zeichen sind als eine Art Verteidigung und Schutz zu verstehen. Sie sind irgendwann in ihrem Leben sehr verletzt und enttäuscht worden und schützen sich durch Ablehnung und Arroganz vor einer erneuten Enttäuschung.

Einsame Menschen sind von tiefem Mißtrauen erfüllt und schon die leiseste Kritik verletzt sie.

Eine Klientin beschrieb die Vorteile ihres Mißtrauens folgendermaßen:

„Wenn ich anderen mißtraue, kann nicht jeder mit mir machen, was er will. Ich werde nicht für einfältig gehalten. Ich werde nicht so schnell enttäuscht. Der Respekt bleibt gewahrt. Die anderen können mir nicht so in die Karten sehen. Sie können das Wissen über mich nicht gegen mich verwenden oder zum Vorwurf machen. Ich kann verhindern, daß andere mich falsch einschätzen".

Sie beschreibt ihr Verhalten in der Vergangenheit folgendermaßen:

„Ich habe mich bisher immer hinter den 10 Mauern verkrochen und bin nie aus mir herausgegangen. Der Kontakt zu meiner Umwelt ging also immer über die 10 Mauern hinweg. Ich habe die Wände vor mir hergeschoben und abgewartet, in welche Spalte ich mein Gegenüber einreihen kann".

Ihr Ziel für die Zukunft hat sie folgendermaßen formuliert:

„Ich möchte meinen Mitmenschen und der Umwelt gegenüber aufgeschlossen sein, aber trotzdem meine Distanz beibehalten. Sagen wir, die Mauern öffnen bis zur inneren Glaswand. Meine innersten Gefühle und Empfindungen trage ich mit mir allein im stillen Kämmerlein aus. Ich möchte gern für mich allein sein und mit mir und meinen Gefühlen umgehen können; den anderen die Grenzen zeigen können, ohne dabei verletzend zu sein oder sie vor den Kopf zu stoßen".

Weil einsame Menschen vom Gefühl des Scheiterns all ihrer Unternehmungen beherrscht werden, weil sie ständig erfolgreich sein wollen und Zuwendung finden möchten, zur gleichen Zeit aber Methoden benutzen, die sie anderen Menschen ständig fremder machen, geben sie schließlich alles auf und flüchten sich in Aggressionen, um ihr Gefühl der Verlassenheit, Angst und Verzweiflung zu ertragen.

Aggressivität ist oft nur eine Tarnung der Einsamkeit und kann sich in Zynismus, Verachtung der Liebe und Verlust der kulturellen Interessen ausdrücken. Sie sind nicht offen und flexibel genug, um neue Beziehungen mit anderen einzugehen. Jede Ablehnung, Aggression macht deutlich, daß zuvor irgendein wunder Punkt getroffen wurde. Sie sind ein Hinweis auf Unsicherheit und Angst. Wenn man mit diesen Menschen zusammen ist, bekommt man den Eindruck, sie mögen niemanden wirklich. Niemand sei ihnen gut genug. Sie finden beständig Mängel und Fehler am anderen und haben ein riesiges Anspruchsniveau an andere. Der Preis, den sie dafür zahlen, ist der Verlust an Nähe und echter Vertrautheit.

Und später häufig, daß der Partner geht, weil er das Nörgeln und die Unnahbarkeit nicht mehr ertragen kann.

Sie suchen den perfekten Partner, um ihre eigene Unvollkommenheit zu kompensieren und sich aufzuwerten. Da sie so hohe Erwartungen an den anderen haben, müssen sie zwangsläufig immer wieder enttäuscht werden. Sie haben häufig ein festes Bild, wie der Partner sein sollte. Diesen Maßstab legen sie gleich zu Beginn einer Beziehung an und unterbinden so die Chance, viele andersartige Menschen kennenzulernen. Sie zeigen zudem weniger Bereitschaft, sich um die Bedürfnisse und Gefühle anderer zu bemühen.

Totale Anpassung

Einsame Menschen, die endlich einen Partner/Freund gefunden haben, passen sich aus der Angst heraus, ihn wieder zu verlieren, häufig zu stark an diesen an. Sie verzichten auf die Erfüllung eigener Bedürfnisse und Wünsche und reduzieren die Erwartungen an den Partner/Freund. Sie trauen sich nicht, seine Wünsche abzulehnen. Hauptsache ist für sie zunächst, nicht mehr alleine zu sein, gleichgültig welchen Preis sie dafür zahlen. Aber mit der Zeit beginnen sie, die Schwächen des anderen zu entdecken. Sie beginnen, sich wieder ihrer eigenen Bedürfnisse bewußt zu werden, und rechnen auf, was sie alles für den anderen tun und dafür von ihm bekommen.

Sie äußern ihre Kritik und Enttäuschung jedoch nicht direkt, sondern schlucken sie hinunter oder verstecken sie in kleinen Sticheleien oder Verweigerungen. Sie stellen im Innern Forderungen an den Partner/Freund und passen sich nach außen hin voll an. Mit der Zeit beginnen sie ihre Beziehung als Gefängnis mit zu vielen Pflichten und zu wenig Freiheit zu sehen. Das sexuelle Verlangen läßt nach und sie fühlen sich weniger verliebt. Gleichzeitig fühlen sie sich aber immer noch dafür verantwortlich und schuldig, wenn es dem Partner schlecht geht und er unzufrieden ist.

Eine selbstschädigende Einstellung, die häufig zu diesen Gefühlen des Gefangenseins führt, ist die, daß sie alle Bedürfnisse des Partners erfüllen müssen. Sie haben die Idee, daß der andere nicht ohne sie leben kann. Sie haben Angst vor seiner Ablehnung, wenn sie nicht alle Erwartungen erfüllen. Sie fordern von sich, immer für den Partner da zu sein, auch wenn sie lieber alleine oder mit anderen ihre Zeit verbringen wollen. Dadurch wird die Partnerschaft zu einer Belastung anstatt zu einer Chance für gemeinsames Erleben. Und häufig ist die Folge daraus die Flucht aus der Partnerschaft oder Affären. In einer liebenden Beziehung sollte ein Gleichgewicht bestehen zwischen der Berücksichtigung eigener Gefühle und der des Partners. Genauso wie es unethisch ist, einen anderen auszunutzen, ist es unethisch, sich selbst einem anderen zuliebe unglücklich zu machen. Jeder sollte das Recht haben, seine Gefühle zu äußern, ohne daß der andere ihn gleich verläßt. Dann müssen Kompromisse und Vereinbarungen geschlossen werden.

Um in einer Partnerschaft nicht mit totaler Anpassung oder Aggression zu reagieren, sollten Sie folgendes tun:

1. Wenn Sie zu totaler Anpassung neigen:

Sprechen Sie mit Ihrem Partner/Freund darüber, was Ihnen an ihm gefällt und was Sie stört. Wenn Sie schweigen und Ihre Kritik hinunterschlucken, geben Sie Ihr Einverständnis zu seinem Verhalten. Auf Dauer können Sie die Partnerschaft/ Freundschaft nicht retten, indem Sie alles akzeptieren. Im Gegenteil, Sie nehmen sich die Chance, eine zufriedenstellende Beziehung zu erreichen.

Der andere kann sich, selbst wenn er möchte, nicht ändern, solange er nicht weiß, was Sie an ihm stört. Wenn Sie Ihre Wünsche nur in Ihrem Kopf haben, erreichen Sie nichts außer innerer Unzufriedenheit. Sie haben ein Recht darauf, Ihre Wünsche zu äußern. Ein Anrecht auf die Erfüllung Ihrer Wünsche haben Sie jedoch nicht.

Teilen Sie Ihre Wünsche in entspannter Atmosphäre mit, ohne den Partner als Menschen abzulehnen. Sagen Sie ihm, daß Sie ihn mögen und sich an ihm ..... wünschen würden. Formulieren Sie Ihre Vorstellungen als Wunsch und nicht als Kritik und sprechen Sie in Ich-Form: ,,Ich wünsche mir ....'' Das erleichtert es dem Partner, Ihre Wünsche anzunehmen.

Teilen Sie Ihrem Partner mit, was Sie denken und fühlen. Das hilft ihm, Sie zu verstehen und Ihnen nahe zu sein. Eine Partnerschaft ist dazu da, sich zu öffnen und auch über Schwächen zu sprechen. Formulieren Sie auch hier Ihre Botschaft in Ich-Form: ,,Ich fühle mich ärgerlich, weil ... ich erwartet habe''.

Konflikte und Auseinandersetzungen sind in einer Partnerschaft oder Freundschaft normal. Sie zeigen, daß die Beziehung aus zwei Individuen mit unterschiedlichen Vorstellungen und Lebenserfahrungen besteht.

Wenn es keine Konflikte mehr gibt, ist meist etwas faul in der Beziehung. Entweder der andere hat sich bereits sehr weit aus der Beziehung gelöst oder er schluckt solange, bis es zu einem großen Knall kommt. Konflikte bedeuten nicht, daß wir uns weniger lieben. Im Gegenteil, jeder Partner hat den Mut und das Vertrauen, Wünsche anzumelden. Entscheidend für eine gute Partnerschaft ist die Art, wie man Konflikte ankündigt und mit ihnen umgeht. Die gegenseitige Achtung und Akzeptanz ist unbedingt notwendig.

Schreiben Sie all die Eigenschaften auf, die Sie von einem idealen Partner/Freund erwarten (geistig, körperlich, finanziell, etc.)

1. Mein Idealpartner/Freund sollte folgende Charakteristika haben:

   1. ....

   2. ....

   3. ....

   4. ....

   5. ....

   6. ....

   7. ....

   8. ....

   9. ....

  10. ....

Schreiben Sie auf, auf welche Eigenschaften beim Partner Sie bereit sind, zu verzichten.

126

2. Folgende Charakteristika sind mir am Partner ganz beson-
    ders wichtig und ich bin nicht bereit, darauf zu verzichten:

1. ....

2. ....

3. ....

4. ....

5. ....

6. ....

7. ....

8. ....

9. ....

10. ....

Schreiben Sie auf, was Sie bereit sind zu geben.

3. Folgende Eigenschaften bin ich bereit zu geben:

1. ....

2. ....

3. ....

4. ....

5. ....

6. ....

7. ....

8. ....

9. ....

10. ....

Partnerschaft/Freundschaft heißt, eigene Bedürfnisse zu äußern und das Risiko einzugehen, daß der andere ärgerlich oder verletzt ist. Partnerschaft/Freundschaft heißt nicht, seine eigenen Bedürfnisse um des lieben Friedens willen zu verschweigen, aber im stillen enttäuscht und verärgert zu sein – und dann dem Partner die Schuld zu geben, daß er rücksichtslos ist.

2. Wenn Sie zu Aggression und Feindseligkeit neigen:

Achten Sie, wenn Sie ärgerlich und aggressiv sind, auf Ihre Gedanken: Weshalb sind Sie jetzt ärgerlich? Suchen Sie nach den Forderungen, die Sie immer dann an den Partner stellen, wenn Sie Ärger verspüren.

Sie sagen sich Dinge wie: „Er / sie sollte nicht ..... sein", „Wie kann sie nur so ....sein", „Der andere ist dumm, unfähig, ...". Wenn Sie Ihre Forderung entdeckt haben, fragen Sie sich: „Warum m u ß er so sein, wie ich es möchte? Warum macht mir das so viel aus, daß er anders ist? Bin ich in Lebensgefahr, wenn er weiterhin so bleibt?"

Sie haben das Recht, Forderungen an den Partner/Freund zu stellen, aber sind Sie sich auch im Klaren darüber, was Sie damit bewirken? Sie bewirken damit, daß Sie sich angespannt und aggressiv fühlen. Sie sind dadurch weniger attraktiv für den anderen. Sie können nicht gleichzeitig Liebe und Aggression empfinden. Wenn Sie fordern, entscheiden Sie sich für Aggression. Wenn Sie eine dauerhafte, überwiegend harmonische Beziehung haben möchten, ist es gut, zu überprüfen, welche Forderungen es wert sind, diesen Preis zu zahlen. Je mehr Forderungen Sie an den Partner/Freund stellen, desto weniger werden Sie zufrieden sein. Der Partner/Freund ist nicht da, um Ihre Vorstellungen und Wünsche zu erfüllen. Sie haben das Recht, sich zu trennen, aber kein Anrecht darauf, daß er sich verändert. Eine gute Beziehung entsteht dann, wenn beide ihre wichtigsten Bedürfnisse erfüllt bekommen und bei den weniger bedeutenden auf Kompromisse eingehen. Geben Sie Ihre perfektionistischen Forderungen auf. Sie werden Ihren perfekten Partner nicht finden können. Geben Sie die Tendenz auf, beim Partner nach negativen Seiten zu suchen.

Machen Sie sich eine Liste von den Eigenschaften und Fähigkeiten, die Ihr idealer Partner haben sollte.

Mein Idealpartner sollte folgende Charakteristika haben:

1. ....

2. ....

3. ....

4. ....

5. ....

6. ....

7. ....

8. ....

9. ....

10. ....

Nun machen Sie sich eine 2. Liste und schreiben die Eigenschaften und Fähigkeiten auf, auf die Sie bereit sind zu verzichten:

129

1. ....

2. ....

3. ....

4. ....

5. ....

6. ....

7. ....

8. ....

9. ....

10. ....

Nun machen Sie noch eine 3. Liste und schreiben die Eigenschaften auf, die der Partner in Ihren Augen unbedingt haben sollte:

1. ....

2. ....

3. ....

4. ....

5. ....

6. ....

7. ....

8. ....

9. ....

10. ....

Wenn Sie darauf bestehen, den idealen Partner/Freund zu finden, werden Sie in der Einsamkeit enden.

Das Geheimnis einer guten Partnerschaft hat weniger damit zu tun, daß Sie den perfekten Partner finden als mit Ihrer Bereitschaft, Probleme zusammen zu lösen und zu der Partnerschaft zu stehen.

Denkanstoß

Stellen Sie sich vor, Sie kaufen in einem Blumengeschäft eine Sumpfpflanze und eine Kaktee und pflanzen sie zuhause in einen gemeinsamen Topf ein. Was würde passieren? Eine der beiden Pflanzen würde mit Sicherheit mit der Zeit eingehen.

Sumpfpflanzen und Kakteen kann man nicht in einen Topf setzen. Beide Pflanzen sind wunderschön und haben ihre individuellen Eigenarten – aber ihre Bedürfnisse sind verschieden. Während es die Sumpfpflanze feucht und dunkel mag, liebt die Kaktee Trockenheit und Hitze.

So wie bei den Pflanzen gibt es auch unter den Menschen unterschiedliche Bedürfnisse und Eigenarten. Es gibt z. B. Menschen, die Ruhe, wenig Kontakt zu anderen, frühe Schlafenszeit, intensive Gespräche miteinander, Zärtlichkeit lieben, und Menschen, die viel Trubel, lange Nächte und Aktivität bevorzugen. Am Anfang solch einer Beziehung mag sich der eine oder andere noch auf die Bedürfnisse des anderen einstellen können, aber im Laufe der Partnerschaft kommt es häufig zu Schwierigkeiten. Wenn eine solche Partnerschaft auseinanderbricht, ist es nicht sinnvoll, den einen oder anderen des Versagens zu beschuldigen. Beide sind berechtigt, nach Ihren Bedürfnissen zu leben.

Kapitel 12

Wenn der Partner nicht mehr will

Wenn Sie beginnen, nähere und intensivere Kontakte zu knüpfen, werden Sie wahrscheinlich auch in die Lage kommen, daß Sie nicht bei allen ankommen oder aber plötzlich nicht mehr attraktiv sind für den einen oder anderen. Wenn der andere nicht mehr mit Ihnen zusammenkommen möchte, werden Ihre Ängste vor Nähe und Ablehnung wieder neu belebt.

Deshalb möchte ich in diesem Kapitel noch einmal auf die Einstellungen zu sprechen kommen, die diese Ängste hervorrufen.

Die Angst vor Ablehnung hängt ganz eng zusammen mit dem Ausmaß Ihrer Achtung vor sich selbst. Wenn Sie sich überhaupt nicht mögen und nur negativ über sich denken, dann laufen Sie immer mit einem negativem Gefühl herum. Um sich wenigstens vorübergehend gut oder zumindest besser zu fühlen, sind Sie darauf angewiesen, von anderen gemocht zu werden. Nur dann, wenn Sie bei anderen ankommen, haben Sie für eine Weile ein positives Gefühl.

Gerade einsame Menschen haben meist ein ganz geringes Selbstwertgefühl und demzufolge auch riesige Angst vor Ablehnung. Sie haben jedesmal dann, wenn sie mit anderen Menschen in Kontakt treten möchten und auch während der Partnerschaft den Gedanken: ,, Was ist, wenn er mich nicht (mehr) mag? Das wäre schrecklich''. Sie machen quasi ihre Lebensberechtigung davon abhängig, ob dieser eine Mensch sie mag. Sie geben diesem einem Menschen die absolute Macht darüber zu bestimmen, ob sie liebenswert sind oder nicht. Wenn der Partner/Freund nicht mehr mit ihnen zusammensein möchte, brechen sie zusammen und sehen sich als vollkommenen Versager. Sie vergessen dabei, daß eine Ablehnung niemals etwas über sie aussagt, sondern immer etwas über den Geschmack des Betrachters. Nur wenn das, was sie bieten, und das, was der andere wahrnimmt und für gut befindet, übereinstimmen, mag der Betrachter sie. Voraussetzung, gemocht zu werden, ist also nicht nur, daß sie das haben, was der andere gut findet, sondern auch noch, daß dieser das auch wahrnimmt. Und die Wahrnehmnung des anderen ist immer subjektiv.

Wenn der andere Sie ablehnt oder sich von Ihnen trennt,
hat das nichts mit Ihrer Persönlichkeit zu tun, sondern mit
den Erwartungen des anderen.

Wenn Sie bereit sind, weiter zu suchen, wird es immer einen anderen Menschen geben, dessen Erwartungen und Ihre Eigenschaften harmonieren. Eine Trennung ist immer das Ergebnis zweier Menschen. Niemals ist nur ein Partner beteiligt.

Menschen lehnen einen anderen Menschen ab:
weil dieser nicht ihren Erwartungen entspricht,
weil sie Angst vor Nähe haben,
weil ein anderer eher ihren Erwartungen entspricht.

Die Ablehnung eines anderen hat niemals etwas mit Ihrem Wert zu tun. Es ist deshalb nicht sinnvoll, sich selbst für eine Ablehnung die Schuld zu geben. Beide Partner sind für einen Konflikt oder eine Trennung verantwortlich. Sie sind nicht generell nicht liebenswert und unfähig. Analysieren Sie in Ruhe

Ihre Partnerschaft. Versuchen Sie zu verstehen, was sie beide getan haben, damit es zur Trennung kam. Sie können es in der nächsten Partnerschaft/Freundschaft besser machen. Achten Sie auch darauf, den Partner/Freund nicht zu idealisieren und ihn als den ‚einzigen, wahren' anzusehen. Schauen Sie sich seine Stärken u n d Schwächen an.

Mehr über die Verarbeitung von Trennung und Scheidung können Sie in meinem Buch ‚Wenn der Partner geht' erfahren.

Übernehmen Sie Verantwortung für Ihre Fehler, ohne sich selbst abzuwerten. Ablehnung/Trennung bedeutet niemals, daß Sie ein uninteressanter, minderwertiger Mensch sind. Es gibt keine ablehnungswürdigen Menschen. Ein anderer kann Sie nur aufgrund bestimmter Probleme und Verhaltensweisen ablehnen, nicht aufgrund Ihrer gesamten Person. Gehen Sie auch selbst so mit sich um. Arbeiten Sie an Ihren Schwächen, ohne sich dabei abzuwerten. Schwächen sind menschlich.

Teil V

Leben
als
Single

1978 lebte jeder 10. Bundesbürger als Single (5,8 Millionen). 75 % davon waren Frauen. Seitdem steigt die Zahl der Alleinlebenden ständig an.

In Frankreich sind es nach der neuesten Untersuchung vom November 1985 sogar 25 % der Gesamtbevölkerung, die alleine leben.

Häufig handelt es sich bei dem Alleinleben um eine bewußte Entscheidung. Auf Fragen von Journalisten nach den Motiven des Alleinlebens wurde deutlich: Singles stehen auf dem Standpunkt: das Leben ist zu kurz, um sich traurig zu kleiden, zu lang, um sich mäßig zu lieben. Sie plädieren für die leidenschaftliche Liebe, ist diese vorbei, dann gibt es keinen Grund mehr, zusammenzubleiben.

Ob man sich für das Leben als Single entscheiden will, bleibt jedem Einzelnen selbst überlassen.

Im folgenden Kapitel können Sie sich die Vorteile des Alleinlebens verdeutlichen.

Kapitel 13

Bewußte Entscheidung zum Alleinsein

Nach all dem Gelesenen haben Sie auch die Möglichkeit, sich ganz bewußt für ein Leben als Single zu entscheiden. Man könnte das Alleinleben als Lebensstil ohne Grenzen, ausgenommen die, die man sich selbst setzt, beschreiben. Es geht dabei einzig und allein um die Frage: Was will ich wirklich mit meiner Zeit und meinem Leben anfangen?

Um das Alleinsein genießen zu können, benötigen wir Zeit. Wir werden durch unsere Erziehung nicht darauf vorbereitet, unser Leben allein zu verbringen. Schon von klein auf hören wir, daß wir später glücklich sein werden, wenn wir erst einmal verheiratet sind. Alleinstehende Menschen wurden früher besonders, aber werden z. T. auch heute noch als Versager von der Umwelt angesehen: „Er/sie ist nicht fähig, jemanden zu kriegen und zu halten". Die Gesellschaft begegnet den Alleinlebenden häufig mit Mitleidsgefühlen.

Wenn wir uns das Alleinleben weitgehend ohne unsere gesellschaftliche Prägung anschauen, kann es viele Vorteile für uns bieten,

- die Freiheit über Zeit und Leben zu bestimmen
- die Freiheit eigene Entscheidungen zu treffen

- die Freiheit, zu verreisen
- die Freiheit, ständig neue Menschen kennenzulernen
- die Freiheit, sich selbst optimal kennenzulernen
- Wahlmöglichkeiten zu entdecken und danach zu handeln
- Selbstvertrauen in die eigene Person zu entwickeln
- den Lebensstil zu entwickeln, der speziell auf die eigenen Bedürfnisse zugeschnitten ist
- die Frustrationstoleranz zu erhöhen, da wir nicht immer das bekommen, was wir wollen – nämlich Liebe
- die Freiheit, die Wohnung nach eigenen Vorstellungen einzurichten, das zu essen, was Sie möchten, sich nach Ihrem Geschmack zu kleiden
- die Freiheit von Angst vor Kritik und Beurteilung
- die Freiheit, so ausgefallen zu leben, wie Sie möchten

Wenn Sie alleine ausgehen, haben Sie den Vorteil, zu kommen und zu gehen, wann Sie möchten. Sie brauchen keine Pläne machen, sondern können spontan sein. Sie können andere Menschen treffen, ohne eingeschränkt zu sein.

Alleine zu leben, kann zu 90 % wundervoll und zu 10 % hart sein. Es wird immer mal Momente der Einsamkeit in Ihrem Leben geben, aber die gibt es auch in der Partnerschaft.

Zum Abschluß möchte ich noch zwei Klienten zu Wort kommen lassen, für die Alleinsein folgendes bedeutet:

Frau R., 30 Jahre alt, allein lebend:
,,Ich sehe im Alleinsein nichts Schreckliches. Das Alleinsein ist für mich so eine Art Selbstheilung. Indem ich mich in mich selbst zurückziehe, kommt es zu einer innerlichen Klärung und ich finde zur Harmonie zurück. Ich sehe das Alleinsein nicht als verlassen- oder zurückgelassen werden an. Wenn ich alleine sein will, gehe ich hinaus in die Natur. Dort kann ich ein Gefühl unendlicher Ruhe und Einklang mit der Natur verspüren''.

Frau E., 39 Jahre alt, allein lebend:

„Ich lebe seit 5 Jahren allein und habe in dieser Zeit verschiedenes von mir erfahren. Am Anfang, nach meiner Trennung genoß ich meine neue Freiheit und stürzte mich in Aktivitäten. Endlich war ich das Eingesperrtsein der Partnerschaft losgeworden. Mit der Zeit fühlte ich mich jedoch innerlich immer leerer und ausgestoßener. Ich fühlte mich schließlich nicht mehr zu der Welt gehörig. Ich wurde anderen Menschen gegenüber mißtrauisch und gleichzeitig sehnte ich mich nach Liebe. Ich lernte mich langsam näher kennen und mich mit mir alleine zu beschäftigen. Ich hatte Gelegenheit, meine Vorlieben und Abneigungen zu entdecken und mich selbst so zu akzeptieren, wie ich bin. Ich erkannte, daß ich zuerst lernen mußte, mich selbst zu mögen, bevor ich mit anderen gut zusammenleben kann.

Während meiner Partnerschaft war ich immer damit beschäftigt, wie ich mich nach Meinung anderer verhalten sollte. Ich war bestrebt, anderen zu gefallen und es ihnen recht zu machen. Ich hatte gar keine Zeit, mich um meine wahren Bedürfnisse zu kümmern. Ich hatte Angst, daß andere erkennen könnten, wie ich wirklich bin, und mich dann verlassen würden. Deshalb versteckte ich mich hinter einer Fassade. Jetzt gestehe ich mir das Recht zu, mich so zu zeigen, wie ich bin. Das bedeutet nicht, daß mir plötzlich andere Menschen völlig gleichgültig sind. Ich bemühe mich, ihre Bedürnisse und Eigenarten zu akzeptieren, aber ich gebe mich nicht mehr total auf, um ihnen zu gefallen. Ich weiß jetzt, daß ich mir selbst viel bedeute und mich glücklich machen kann''.

Es gibt also auch Menschen, die freiwillig die Alternative wählen, als Single zu leben. Sie verbringen ihr Leben nicht alleine, weil sie resignieren oder Angst vor Verletzungen durch den anderen haben. Sie ziehen die Freiheit, vollkommen über ihre Zeit zu bestimmen, der Vertrautheit zu einem anderen Menschen vor. Sie verzichten darauf, ihre Erfahrungen ganz eng mit einem anderen Menschen zu teilen.

Nach meiner Erfahrung sind es ganz wenige Menschen, die diesen Weg wählen können. Die meisten sehnen sich nach einem anderen Menschen, auf den sie sich verlassen können, mit dem sie gemeinsam ihr Leben verbringen können und dessen Zuwendung ihnen hilft, Probleme besser zu bewältigen. Um mit einem Partner glücklich zu sein, müssen sie jedoch ihre perfektionistischen Forderungen aufgeben, daß der Partner immer für sie da ist und sie versteht. Sie müssen bisweilen auch Enttäuschungen, Ärger und Traurigkeit in Kauf nehmen.

Es bleibt Ihnen nun selbst überlassen, welchen Weg Sie wählen wollen: Den überwiegenden Teil der Zeit Freiheit und bisweilen Einsamkeit und Traurigkeit oder den überwiegenden Teil der Zeit Zweisamkeit und bisweilen Ärger auf den Partner, Gekränktsein und Einsamkeit.

Kapitel 14

Zusammenfassung der wichtigsten Schritte zur Überwindung der Einsamkeit

Die folgende Zusammenfassung zeigt Ihnen auf einen Blick, welche Schritte Sie gehen müssen, um Ihre Einsamkeit zu überwinden. Lesen Sie sich diese Zusammenfassung häufig durch und überlegen Sie sich dabei, worauf Sie bereits geachtet haben und auf welche Schritte Sie sich noch mehr konzentrieren müssen.

1. Gestehen Sie sich ein, daß Sie einsam sind.

2. Einsamkeit ist die Folge negativer Einstellungen zu sich selbst, der Lebenssituation und der Zukunft. Einsamkeit ist nicht gleichbedeutend mit Alleinsein. Sie können Ihre Einsamkeitsgefühle überwinden, indem Sie Ihre negativen Einstellungen verändern.

3. Verzichten Sie zunächst darauf, nach einem Partner oder nach Freunden zu suchen.

4. Akzeptieren Sie sich, so wie Sie sind – als Mensch mit Stärken und Schwächen. Ihre Minderwertigkeitsgefühle

sind die Folgen Ihrer abwertenden Gedanken und kein Beweis dafür, daß Sie minderwertig sind.

5. Machen Sie täglich die Spiegelübung, indem Sie sich sagen: „...... (Ihr Vorname), ich bin bereit, dich zu akzeptieren, wie du bist". Ignorieren Sie Ihr Gefühl, das sei nur Schauspielerei und unecht. Sie werden mit der Zeit ein ,zustimmendes Gefühl' bekommen.

6. Vermeiden Sie jegliche Selbstverurteilung und Selbstabwertung. Sie können in jedem Augenblick nur das tun, was Ihnen in den Kopf kommt und Ihnen an emotionalen und geistigen Fähigkeiten zur Verfügung steht.

7. Gestalten Sie Ihr Leben so, als ob Sie schon einen Partner/Freund hätten. Tun Sie all die Dinge allein, die Ihnen mit dem Partner/Freund Spaß machen würden – auch gegen Ihr Gefühl.

8. Legen Sie sich einen Plan für den Tagesablauf und besonders die Wochenenden und den Urlaub zurecht.

9. Setzen Sie sich Ziele, die Sie in Ihrem Leben verwirklichen wollen. Machen Sie täglich Vorstellungsübungen dazu, in denen Sie Ihr Ziel schon verwirklicht sehen. Durch positive Vorstellungsübungen helfen Sie sich, «bei der Stange zu bleiben» und Ihr Ziel zu erreichen. Machen Sie vor der Vorstellungsübung die Entspannungsübung.

10. Machen Sie sich äußerlich attraktiv, indem Sie Kleidung und Frisur verändern. Ihr Aussehen vermittelt einen ersten Eindruck davon, wie wichtig Sie sich nehmen und was Sie anderen geben können.

11. Nehmen Sie täglich mit 5 Menschen Blickkontakt auf. So signalisieren Sie Ihre Bereitschaft für Kontakte.

12. Üben Sie sich darin, täglich mindestens mit 5 Menschen zu lächeln. Das tut Ihnen gut, weil sich ein Lächeln besser anfühlt, als angespannt zu sein, und macht Sie attraktiver.

13. Achten Sie auf Ihre Körperhaltung. Halten Sie sich aufrecht und versuchen Sie, locker zu sein. Die Entspannungsübung hilft Ihnen dabei, sich zu entspannen.

14. Stellen Sie sich vor, daß Sie sich mit anderen Menschen unterhalten und die anderen sich in Ihrer Nähe wohlfühlen.

15. Grüßen Sie täglich mindestens 5 Fremde mit „Guten Tag".

16. Interessieren Sie sich im Gespräch für den anderen, anstatt sich selbst interessant zu machen. Stellen Sie Fragen und akzeptieren Sie die Meinung des anderen zumindest teilweise. Machen Sie Komplimente. Teilen Sie etwas von sich mit. Seien Sie sich nicht zu ‚fein' für small talk.

17. Attraktivität hat mehr mit Ihrer eigenen Selbstachtung und Fähigkeit, Liebe zu geben, zu tun, als damit, anderen mit seinen Erfolgen und Fähigkeiten zu imponieren.

18. Achten Sie darauf, den ersten Menschen, der sich für Sie interessiert, nicht zu idealisieren oder ohne Prüfung abzulehnen. Machen Sie sich offen dafür, ihn einfach kennenzulernen. Sie müssen nicht sofort entscheiden, ob er der ‚richtige' ist. Suchen Sie nach Freunden, anstatt nach einem Partner.

19. Hüten Sie sich davor, perfektionistische Anforderungen an den Partner/Freund zu stellen. Der Partner/Freund ist nicht dazu da, all Ihre Vorstellungen und Forderungen zu erfüllen.

20. Teilen Sie dem Partner/Freund Ihre Wünsche mit. Besprechen Sie mit ihm, welche Kompromisse sie schließen können, damit sie beide zufrieden sind. Eine Partnerschaft/Freundschaft ist ein Gewinn/Gewinn-Spiel. Wenn Sie Ihre Bedürfnisse vernachlässigen, werden Sie Ihre Liebe zum anderen mit der Zeit abtöten.

21. Wenn Ihr Partner/Freund Sie ablehnt oder verläßt, bedeutet das nicht, daß Sie nicht liebenswert sind. Es bedeutet lediglich, daß seine Erwartungen und das, was Sie geben können oder möchten, nicht übereinstimmen.

22. Sie haben die Entscheidung, als Single oder in der Zweisamkeit zu leben. Als Single können Sie viele Freiheiten und gelegentlich Einsamkeitsgefühle haben.
     In einer Partnerschaft können Sie Nähe und Geborgenheit und gelegentlich Kränkung und Enttäuschung haben.

Schlußwort

Liebe Leserin, lieber Leser,

wenn Sie das Buch jetzt zum ersten Mal überflogen haben und bis hierher gekommen sind, sind Sie möglicherweise erschlagen von all dem, was Sie tun ‚sollten'. Vielleicht sind Sie schon so weit in die Isolation und Passivität hineingeraten, daß Sie keinen Weg mehr aus der Einsamkeit sehen. Dann ist dieses Buch überfordert damit, Ihnen zu helfen. Es kann Sie unterstützen auf Ihrem Weg, aber vielleicht brauchen Sie noch zusätzlich einen persönlichen Weggefährten. Wenden Sie sich an eine Beratungsstelle oder einen niedergelassenen Psychotherapeuten, um bei der Überwindung der ersten Hürden Unterstützung zu erhalten.

Sollten Sie sich plötzlich ganz einsam fühlen und nicht mehr weiter wissen, rufen Sie die örtliche Telefonseelsorge an. Dort haben Sie die Chance, eine menschliche Stimme und Gehör zu finden. Die Telefonnummer der Telefonseelsorge finden Sie in Ihrem Telefonbuch unter der Rubrik ‚Telefonseelsorge' oder ‚Ruf und Tat' oder ‚Offene Tür'. Sie ist Tag und Nacht für Sie offen. Die ausgebildeten Helfer sind zur absoluten Verschwiegenheit verpflichtet.

Die schnelle große Lösung aus Ihrer Einsamkeit gibt es nicht. So wie Sie Schritt um Schritt in die Einsamkeit hineingeraten sind, geht es auch Schritt für Schritt wieder heraus. Die Einsamkeit ist nur ein Symptom für dahinterstehende negative Einstellungen über sich selbst, andere Menschen und die Zukunft. Die Veränderung dieser altbekannten Einstellungen und das Handeln entgegengesetzt alter Gefühlsmuster sind die Grundpfeiler für die Überwindung der Einsamkeit. Ein neuer Partner oder Freund kann Sie nur kurzfristig aus der Einsamkeit erlösen. Wenden Sie die Übungen aus diesem Buch für das nächste halbe Jahr täglich auf sich an, dann werden Sie dauerhafte positive Veränderungen erleben.

Nehmen Sie die Chance wahr und fliegen Sie aus Ihrem Käfig heraus. Die Tür ist offen.

Ich wünsche Ihnen viel Erfolg und die Bereitschaft, sich und anderen nahe zu kommen.

Ihre Doris Wolf

Schenken Sie uns 5 Minuten Ihrer Zeit?

Liebe Leserin, lieber Leser,

Um Sie und andere Leser auch in Zukunft optimal unterstützen zu können, benötigen wir Ihre Mithilfe. Beantworten Sie bitte die nachfolgenden kurzen Fragen. Ihre Antworten sollen uns helfen, unsere Bücher noch mehr auf die Wünsche und Bedürfnisse unserer Leser abzustimmen. **Am Ende jedes Monats verlosen wir unter allen Einsendern dieses Fragebogens 10 Dankeschön-Preise (Telefonkarten unseres Verlages, Postkarten mit positiven Gedanken, usw.). Ein Anspruch auf einen bestimmten Gewinn besteht nicht. Der Rechtsweg ist ausgeschlossen.**

1. Welches Buch haben Sie gelesen (bitte Titel angeben) und was gefällt Ihnen am besten daran?

2. Was stört Sie am meisten?

3. Was könnte man Ihrer Meinung nach verbessern?

4. Ist der Text so gestaltet, daß man ihn gut lesen kann?

5. Kennen Sie ein anderes Buch **zum gleichen Thema**, das Ihnen mehr geholfen hat bzw. besser gefällt? Wenn ja, bitte Titel/Autor nennen.

6. Was hat Ihnen am meisten geholfen?

7. Benötigen Sie noch weitere Hilfestellungen? Wenn ja, welcher Art?

8. Wie oder durch wen sind Sie auf dieses Buch gestoßen?

9. Würden Sie ein Seminar zu dem Thema dieses Buches besuchen, wenn es vom Autor dieses Buches angeboten würde?

**Trennen Sie diese Seite bitte aus dem Buch heraus
und schicken sie an uns.**

Vorname .... Name ....

Straße ....

PLZ/Ort ....

Wenn Ihnen der Platz zur Beantwortung der Fragen nicht ausreicht, können Sie uns die Fragen gerne auch auf einem Zusatzblatt beantworten. **Ihre Angaben werden streng vertraulich behandelt und dienen nur der Verbesserung unserer Bücher. Nach Auswertung wird dieser Fragebogen vernichtet.**

PAL Verlagsgesellschaft • Am Oberen Luisenpark 33 • 68165 Mannheim
Tel.: 0621-415741 • Fax 0621-415101